Étude de Mᵉ Alfred LIOTARD, licencié en droit, avoué a Gap,
Rue Neuve, numéro 63 bis.

## CONSEIL DE PRÉFECTURE DES HAUTES-ALPES

# CANAL DE GAP
### (Dérivé du Drac)

# CONCLUSIONS COMPLÉMENTAIRES

PRODUITES PAR

## M. Maurice GARNIER, Concessionnaire du Canal

### ARRAS
Imprimerie de la Société du Pas de-Calais
P. M. LAROCHE, Directeur

**1894**

Étude de Me Alfred LIOTARD, licencié en droit, avoué a Gap,

Rue Neuve, numéro 63 bis.

## CONSEIL DE PRÉFECTURE DES HAUTES-ALPES

# CANAL DE GAP

### (Dérivé du Drac)

# CONCLUSIONS COMPLÉMENTAIRES

PRODUITES PAR

## M. Maurice GARNIER, Concessionnaire du Canal

ARRAS

Imprimerie de la Société du Pas-de-Calais

P.-M. LAROCHE, Directeur

1894

# CANAL DE GAP

## (Dérivé du Drac)

---

# CONCLUSIONS COMPLÉMENTAIRES

---

*A Messieurs les Membres du Conseil de Préfecture des Hautes-Alpes.*

I. — M. Maurice Garnier, ancien Député au Corps législatif, Conseiller-Maitre honoraire à la Cour des Comptes, Officier de la Légion d'honneur, qui a déposé au greffe du Conseil une requête introductive d'instance, accompagnée du Mémoire ampliatif et des pièces justificatives, a l'honneur de porter à la connaissance de Messieurs les Membres du Conseil de Préfecture un document significatif.

C'est une lettre que M. le premier Président de la Cour des Comptes, après avoir fait étudier à fond la question du Canal de Gap, parce qu'elle pouvait porter atteinte à la considération de magistrat de M. Garnier, a cru devoir adresser, le 21 mars 1883, à M. Méline, Ministre de l'Agriculture :

« Mon cher Ministre et ami,

« Laissez-moi appeler d'une façon toute particulière votre bienveillante attention sur « l'affaire que vous soumettra M. Garnier.

« M. Garnier est un très honnête homme qui a été victime de sa bonne foi ; je crois bien « connaître les arguments pour et contre qui sont indiqués au sujet de sa créance vis-à-vis de « l'Etat. Je n'hésite pas à vous affirmer que, dans ma conviction, c'est lui qui a tous les droits et « que sa ruine profonde qui fait le désespoir de sa vie, est due à un véritable déni de justice.

« Aussi n'ai-je pas hésité un instant à vous demander d'étudier le dossier qu'il vous remettra « et à me porter garant de son honneur et de ses droits.

« Votre dévoué et affectionné,

« Signé : Bethmont ».

Les dénis de justice n'ont fait que s'accentuer depuis, ainsi que les présentes conclusions complémentaires vont vous permettre d'en juger, si bien que M. Garnier qui est accablé de charges, qui ne reçoit rien de son canal, dont les ouvrages sont frappés de saisie dans leur produits, a fini par tomber dans un état de misère des plus navrants, ainsi qu'en témoignent les certificats ci-annexés sous les n<sup>os</sup> I, II, III.

Et cet état de misère a été provoqué, non par les Ministres qui ont successivement administré l'agriculture depuis une quinzaine d'années, mais uniquement par un fonctionnaire, le Directeur de l'hydraulique agricole qui, s'étant fait l'ennemi personnel de M. Garnier, l'a rendu victime de toutes sortes d'iniquités et de dénis de justice. Les immunités dont jouissent les fonctionnaires de son ordre qui peuvent surprendre à tout propos la religion du Ministre, leur permettent de donner libre cours aux actes de violence et d'arbitraire. On en verra des preuves indiscutables aux n<sup>os</sup> 12 et 98 à 111 *infrà*.

2. — Avant tout, M. Garnier proteste énergiquement contre les procédés d'instruction que l'administration suit à son égard devant le Conseil de Préfecture. Ainsi qu'on peut le voir aux n° 36 à 51 de son mémoire complémentaire du 15 février 1889, l'administration ne base sa discussion que sur les plus graves inexactitudes, sans fournir l'ombre d'une justification à l'appui de ses assertions. Et non seulement, elle n'a fourni aucune justification au cours de sa discussion, mais elle est restée sourde aux nombreuses réclamations du concessionnaire qui *jusqu'à sept fois*, lui a réclamé en vain la production des documents sur lesquels elle s'appuyait pour avancer des faits que le concessionnaire contestait de la façon la plus énergique.

3. — Et aujourd'hui encore, *voilà 20 mois* que le concessionnaire a produit une nouvelle requête avec le mémoire ampliatif et toutes les pièces justificatives à l'appui. Or, l'administration a gardé le silence le plus absolu à cet égard. Il est vrai que par une mesure des plus violentes, des plus brutales et, avant tout, des plus illégales, le ministre de l'agriculture a fait rendre le 7 septembre 1893, un décret par lequel il lève le séquestre à partir du 1<sup>er</sup> mars 1894 et annonce qu'il mettra, à partir du même jour, le concessionnaire en demeure de prendre possession du canal (pièce n° 32).

Mais ce décret porte complètement à faux, car, outre qu'il viole formellement des droits garantis au concessionnaire par le contrat du séquestre, il ne peut appartenir à l'Etat de se faire justice lui-même et de trancher par voie de décret une question litigieuse régulièrement soumise aux Juges compétents et encore pendante devant le Conseil de Préfecture des Hautes-Alpes, c'est-à-dire devant le tribunal qui doit en connaître.

Aussi le concessionnaire a-t-il déféré ce décret à la censure du Conseil d'Etat et son annulation ne peut faire l'objet d'un doute, car il est radicalement nul.

4. — En principe, l'instruction des affaires soumises aux tribunaux administratifs a lieu par écrit, par mémoires s'appuyant sur des pièces justificatives, respectivement signifiés aux parties et, pour qu'il n'y ait pas de surprise, les débats à l'audience

doivent, d'après les auteurs et la Jurisprudence du Conseil d'Etat, consister seulement en développements des mémoires écrits sans y ajouter aucun argument dont l'adversaire n'ait pas eu connaissance à l'avance.

Mais, l'administration, se mettant au dessus de ces règles, n'a pas, au bout de vingt mois que l'instance est engagée devant le Conseil de Préfecture, encore répondu au concessionnaire. Dans tous les cas, le concessionnaire, protestant contre l'absence de toute justification à l'appui de la réponse que l'administration a faite et qui a été discutée dans les n°ˢ 36 et suiv. du mémoire complémentaire du 15 février 1889, conclut à ce qu'il plaise au Conseil de Préfecture considérer comme non avenu tout ce que l'administration a pu dire ou *pourra dire* sans produire aucune justification de ses assertions.

*4 bis.* — Il doit en être de même de la situation actuelle. Le silence gardé par le Ministère, si on le rapproche de la manœuvre de la dernière heure employée lors de la prise de possession du canal dont il est question aux n°ˢ 98 à 105 *infrà* à propos de la lettre ministérielle du 28 avril 1894, peut être jugé comme destiné à faire tomber le concessionnaire dans quelque surprise d'audience.

Aussi celui-ci conclut-il à ce qu'il plaise au Conseil de Préfecture lui adjuger le bénéfice de ses conclusions, sans qu'il puisse appartenir à l'Administration de venir chercher à les détruire par des arguments subitement produits, *pour la première fois* à l'audience, alors qu'ils auraient été soigneusement tenus sous le boisseau pendant les 20 mois qui viennent de courir depuis le dépôt des conclusions du concessionnaire au greffe du Conseil de Préfecture.

L'instruction écrite qui doit environner de ses garanties la procédure suivie devant les tribunaux administratifs, condamne formellement des procédés de cette nature, surtout alors que l'adversaire est un vieillard de 80 ans, demeurant à plus de 200 lieues et à qui des infirmités ne peuvent permettre de se rendre à l'audience.

Il est vrai qu'il y sera représenté par son avoué, mais le Ministère sait parfaitement que c'est lui qui, depuis 20 ans, s'occupe à peu près exclusivement de l'instruction et de la discussion de tout ce qui a rapport à la question du canal.

C'est dans cet ordre d'idées, que le concessionnaire a attendu jusqu'au dernier moment pour poser les présentes conclusions complémentaires. Il espérait toujours avoir à discuter la réponse de l'Administration à sa requête et à son mémoire ampliatif; mais puisque le Ministère n'a pas voulu faire cette réponse dans les conditions que comporte la situation, il est juste qu'il en subisse les conséquences.

## PARAGRAPHE 1

**Le Gouvernement, les Arrosants et le Concessionnaire, sont liés au même titre par le contrat de séquestre.**

5. — Attendu que la question du canal de Gap est dominée par un contrat dont il est indispensable de bien connaître le mécanisme pour pouvoir s'en rendre un compte exact.

C'est en vertu de ce contrat que le séquestre, *non pas le séquestre administratif ordinaire*, mais un séquestre CONVENTIONNEL qui doit être exécuté dans toutes ses parties, comme toute convention librement consentie d'ailleurs, a été appliqué au canal de Gap.

Cette convention qui lie l'Etat, les arrosants et le concessionnaire repose sur les quatre faits juridiques nettement déterminés qui vont être indiqués :

6. — Attendu que par une lettre du 3 mai 1873 (pièce n° 1), le Ministre des Travaux publics 1° a commencé par déclarer que la dépense d'achèvement du canal et généralement de tous les travaux nécessaires pour porter l'eau en tête de chaque propriété souscrite à l'arrosage, sera imputée, *à titre de subvention complémentaire*, sur les fonds affectés annuellement aux travaux d'amélioration agricole par le budget du Ministère des Travaux publics.

2° Attendu que le Ministre a ensuite porté à la connaissance du concessionnaire les conditions que le Conseil général des Ponts et Chaussées proposait pour la mise sous séquestre du canal de Gap et a terminé sa lettre en lui demandant, dans les termes suivants, son adhésion à ces conditions :

« Je vous prie de me transmettre votre adhésion par écrit, aux conditions formulées par le « Conseil général des Ponts et Chaussées pour l'application de la mise sous séquestre du canal de « Gap. »

Or, ces conditions, le concessionnaire les a acceptées *dans les termes mêmes de leur rédaction*, par une lettre du 6 juin 1873 (pièce n° 2).

3° Attendu que c'est alors que, par un décret du 18 juillet 1873, visant la lettre d'acceptation du concessionnaire en ces termes :

« Vu la lettre en date du 6 juin 1873, par laquelle le concessionnaire a accepté la mise sous séquestre. »

Le canal de Gap a été mis sous séquestre par son art. 1 (pièce n° 15).

Les conditions proposées à l'adhésion du concessionnaire par la lettre ministérielle du 3 mai 1873 pour la mise sous séquestre du canal et dont l'acceptation par sa lettre du 6 juin 1873 a été visée par le décret du 18 juillet 1873, réglementent forcément le séquestre créé par ce décret. Ce séquestre, en effet, devant être CONVENTIONNEL avait besoin du consentement du concessionnaire pour être appliqué. Ce n'est donc pas par superfétation que l'acceptation de celui-ci a été visée dans le décret, mais A TITRE D'ÉLÉMENT INDISPENSABLE *pour la constitution même du décret*. Cela est hors de toute discussion possible.

Attendu qu'on ne peut faire que le concessionnaire *ait accepté autre chose* que les conditions auxquelles le Ministre, par sa lettre du 3 mai 1873, lui avait demandé *d'adhérer par écrit*. Dès lors, quoique l'on fasse, le décret du 18 juillet ne peut rien substituer aux conditions de la mise sous séquestre *dont il a visé l'acceptation par le concessionnaire*. Ce visa, en affirmant le consentement de celui-ci a prouvé le contrat qui existait déjà entre le gouvernement et le concessionnaire quant aux conditions de la mise sous séquestre. Or, si ce consentement venait à être vicié par la création de conditions autres que celles auxquelles il a été donné, il devrait être considéré comme caduc, et sa caducité entraînerait forcément celle du décret qui n'avait pu être rendu qu'en s'appuyant sur lui.

Il est donc inéluctable que ces conditions doivent être considérées *comme les seules* que le décret du 18 juillet 1873 a dû et pù consacrer.

4° Attendu que cela est d'autant plus vrai que, *postérieurement au décret du 18 juillet 1873,* le Ministre a proposé à l'adhésion des souscripteurs à l'arrosage des conditions *identiquement pareilles* à celles énumérées en sa lettre du 3 mai 1873 qu'il avait déjà fait accepter par le concessionnaire par la lettre de celui-ci du 6 juin 1873.

Or, ces conditions ayant été acceptées par la reproduction littérale qui en a été faite *dans 1242 engagements* INDIVIDUELS *à l'arrosage* (pièce n° 3), un lien de droit s'est trouvé formé entre l'État, les souscripteurs à l'arrosage et le concessionnaire.

7. — Attendu que c'est ainsi que le contrat de séquestre se trouve aujourd'hui assis sur les quatre faits juridiques qui viennent d'être signalés, savoir :

1° L'engagement par l'État de terminer le canal sur les fonds du trésor, à titre de subvention complémentaire ;

2° L'offre par le Ministre des conditions de la mise sous séquestre énumérées en la lettre du 3 mai 1873 et l'acceptation de l'offre par le concessionnaire par sa lettre du 6 juin 1873 ;

3° L'offre par le Ministre des mêmes conditions aux propriétaires riverains et l'acceptation de l'offre *par chacun* des souscripteurs à l'arrosage sous forme d'engagement à cet arrosage ;

4° Le décret du 18 juillet 1873 qui, en mettant le séquestre sur le canal, a complété la pensée qui avait présidé aux dispositions précédentes.

8. — Attendu que dans cette situation, il est évident que le décret du 18 juillet 1873, en créant le séquestre, a consacré les engagements pris entre le gouvernement, le concessionnaire et les arrosants ; mais là s'est borné son rôle. Quant à l'organisation de ce séquestre, à sa durée, à son mode de fonctionnement, aux ressources qui doivent l'alimenter, à l'exécution des travaux du canal, à l'entretien et à l'exploitation de ce canal, *rien, absolument rien n'était à y prévoir*. Tout en effet devait être et a été réglé en dehors du décret, par le contrat qui s'est lié entre le Ministre, le concessionnaire et les souscripteurs à l'arrosage au moyen DE L'OFFRE par le Ministre des conditions de la mise sous séquestre et de L'ACCEPTATION SUCCESSIVE DE CET OFFRE par le concessionnaire d'abord AVANT LE DÉCRET ; par les propriétaires riverains ensuite APRÈS LE DÉCRET.

Donc le décret du 18 juillet 1873 constitue un acte purement administratif n'ayant eu ici d'autre but que mettre, *sans condition aucune*, le séquestre sur le canal de Gap. Quant à la partie contractuelle de cette mise sous séquestre qui, d'après accords préalables entre le Gouvernement et le concessionnaire, *devait faire l'objet d'une convention*, elle se trouve développée de la façon la plus complète et déterminée de la manière la plus précise dans la lettre ministérielle du 3 mai 1873 et l'engagement à l'arrosage souscrit par chaque propriétaire voulant faire usage de l'eau du canal.

Cet engagement tel qu'il est conçu et reproduisant les 16 articles contenus en la lettre du 3 mai 1873, a été soumis à l'adhésion des arrosants par le Ministre lui-même qui l'a ensuite, par sa décision du 9 avril 1874 (pièce n° 8), approuvé avec les quelques modifications que les arrosants y avaient introduites.

Ces modifications avaient été proposées et même en quelque sorte imposées par une commission de 30 membres pris parmi les arrosants et que le Préfet avait chargé de recueillir les souscriptions. C'est dans ces conditions que furent engagés à l'arrosage les hectares souscrits ainsi que cela résulte de la décision qui vient d'être rappelée.

9. — Attendu que le décret de séquestre n'a rien à voir dans les conditions qui forment la base des engagements pris par les parties les unes envers les autres, savoir, entre autres :

L'Etat, de terminer sur les fonds du trésor à titre de subvention complémentaire tous les travaux restants à faire pour amener l'eau en tête de chaque propriété souscrite à l'arrosage.

Le concessionnaire, de livrer l'eau du canal aux propriétaires souscripteurs à l'arrosage, au fur et à mesure de son arrivée en tête de la propriété à arroser ;

Les souscripteurs, d'utiliser pour l'arrosage, l'eau ainsi mise à leur disposition et d'en payer la redevance ; et, de plus, *lorsque les travaux à la charge de l'Etat auraient amené la terminaison du canal*, de prendre livraison de celui-ci pour l'entretenir et l'exploiter.

Attendu qu'il y avait entre les divers engagements ainsi contractés une corrélation qui devait forcément produire ce résultat que les uns étaient sans valeur sans le concours des autres.

Que pouvait, en effet, valoir l'engagement par le concessionnaire de livrer l'eau du canal à l'arrosage, si, d'une part les travaux du canal ne venaient pas permettre de fournir à celui-ci l'eau nécessaire à l'arrosage ; si, d'autre part, les propriétaires ne devaient pas utiliser cette eau pour l'arrosage de leurs terres ?

Et réciproquement, que pouvaient valoir les engagements de ceux-ci d'utiliser l'eau du canal pour l'arrosage de leurs terres, si cette eau n'était pas fournie au concessionnaire par les travaux de l'Etat et livrée ensuite par celui-ci pour l'arrosage des terres des arrosants ?

C'était cette corrélation entre les engagements contractés par chacune des parties qui, établissant entre elles un lien de droit, formait un contrat parfait qui devait être exécuté tel qu'il avait été librement consenti, sauf, comme cela arrive toutes les fois qu'un contrat n'est pas exécuté, recours aux tribunaux contre la partie qui refuse d'exécuter tout ou partie de ses engagements.

Quant au décret du 18 juillet 1873, qu'il existe ou qu'il n'existe pas, cela ne modifie en rien les conventions qui existent entre l'État, le concessionnaire et les arrosants. C'est, ainsi qu'on l'a dit au n° 8, une mesure administrative produisant certains effets propres, mais ne pouvant *avoir aucune action sur les rapports* CONVENTIONNELS qui existent entre l'État, le concessionnaire et les arrosants.

10. — Attendu, en ce qui concerne l'intervention du gouvernement, que l'État n'a pas seulement contracté des obligations par l'organisation *à laquelle il a seul procédé* du contrat de de séquestre, organisation que le concessionnaire et les arrosants n'ont eu qu'à rendre irrévocable par leur consentement, il est encore PARTIE CONTRACTANTE et partie considérable par l'engagement qu'il a pris *de terminer le canal sur les fonds du trésor*. Il est donc tenu à toutes les obligations que comporte ce contrat et ne peut s'en dégager pour prescrire ou provoquer des mesures qui seraient en contradiction avec ces obligations.

11. — Attendu, d'ailleurs, que le contrat a été exécuté dans son ensemble et que l'exécution, *par chacun*, de ses obligations réciproques, a eu lieu sans interruption, savoir :

De la part de l'État, depuis 20 ans, par la confection des travaux d'achèvement du canal qu'il s'était obligé de faire.

De la part du concessionnaire, depuis 14 ans, par la livraison de l'eau au fur et à mesure de son arrivée à la limite de chaque propriété soumise à l'arrosage ;

Enfin de la part des propriétaires, depuis la même époque, par l'arrosage de leurs terres, moyennant le paiement de la redevance stipulée.

11 *bis*. — Attendu que cette exécution a donné au contrat de séquestre, aux termes de l'art. 1338 c. civ., une consécration de toutes ses parties absolument irrésistible. Il est donc à tout jamais à l'abri de tout mauvais vouloir et doit produire *son plein* et entier effet.

12. — Attendu que malgré cette exécution on n'a cessé de mettre des entraves au contrat de séquestre pour l'empêcher de produire ses effets naturels, et par ces entraves on a occasionné un grave préjudice aux créanciers du concessionnaire qui n'ont pas vu arriver les paiements sur lesquels ils avaient droit de compter ; que, comme conséquence forcée, un plus grave préjudice encore a été occasionné au concessionnaire ; c'est sur lui en effet que finissent par se répercuter, par les intérêts qu'il a à supporter, tous les déficits de paiement qu'ont à subir les créanciers.

On verra en effet aux n<sup>os</sup> 18 à 23, des décisions ministérielles plus illégales les unes que les autres, mettre embargo sur les sommes touchées par le séquestre pour le compte du concessionnaire et rendre ces sommes indisponibles pour lui, soit en les employant pour le compte de l'Etat, soit en les frappant d'opposition à la Caisse des Dépôts et Consignations.

Les sommes ainsi illégalement retenues au préjudice du concessionnaire et de ses créanciers s'élèvent à 416,293 fr. 15 *en capital* et cette retenue a jeté depuis plus de dix ans le trouble le plus complet dans les affaires et l'existence du concessionnaire et de sa famille.

Mais il y a une chose plus forte encore, car l'iniquité n'a pas de limites dans cette affaire du canal : aux termes de plusieurs décisions ministérielles et notamment de celles du 18 novembre et 4 décembre 1889 (v. n<sup>os</sup> 17 et 22 *infrà*), et d'après ce qui sera dit au n° 23, toutes les sommes retenues par l'administration au préjudice du concessionnaire devaient lui être restituées aussitôt qu'il aurait pris possession du canal.

Or, cette prise de possession ayant eu lieu le 30 avril dernier (pièce n° 46), le concessionnaire s'est empressé d'écrire au ministre les 10 et 30 mai dernier (pièce n° 52), pour réclamer le versement à la caisse des dépôts et consignations des sommes illégalement retenues contre lui. Mais aucune réponse ne lui a été encore faite : c'est un parti pris à la direction de l'hydraulique agricole de ne jamais répondre. Et cependant, le concessionnaire ayant fait demander si, une fois la prise de possession du canal opérée, on lui rendrait son argent, l'ingénieur en chef lui fit répondre par le télégraphe (pièce n° 23), que toute la dette arriérée lui serait immédiatement restituée, et cette dépêche fut plus tard confirmée par une lettre formelle (pièce n° 38). Mais aujourd'hui on juge plus à propos de garder l'argent. C'est monstrueux en présence des documents qui seront cités au n° 28 et 30 ci-après.

La signification *de ce nouveau déni de justice* c'est qu'on voudrait obliger le concessionnaire à faire entrer cet arriéré dans sa demande à la justice. C'est là un piège, car la dette n'ayant aucun caractère litigieux, il faudra bien qu'on s'exécute en dehors de l'intervention de la justice ; tandis que dans le cas contraire, on serait assuré de n'avoir pas de solution avant 5 à 6 ans. Le Conseil d'État, en effet, devant nécessairement intervenir, l'affaire ne pourrait guère aboutir avant 5 à 6 ans et le Ministère exulterait !!

13. — Quoi qu'il en soit, le concessionnaire, en dehors des dommages-intérêts qu'il réclamera,

fixera au taux de 6 p. 0/0 les intérêts qui lui sont dûs à raison des sommes que l'administration *a illégalement retenues à son préjudice* par la violation manifeste du contrat de séquestre. De quoi le gouvernement pourrait-il se plaindre ? N'est-ce pas lui qui, sans le moindre prétexte plausible, est venu, par toutes sortes de mesures PLUS VEXATOIRES LES UNES QUE LES AUTRES, refuser au concessionnaire et à ses créanciers le droit de toucher les sommes considérables *que le séquestre avait encaissées pour leur compte ?*

S'il n'a pas reculé devant les plus durs sacrifices à imposer au concessionnaire par toutes sortes d'actes arbitraires, le moins qu'il ait à faire, c'est de tenir compte, *pour l'argent qu'il a illégalement retenu,* d'un taux d'intérêt équivalent à celui que supporte le concessionnaire.

Le taux que celui-ci supporte à 6 p. %, jusqu'à concurrence de 1,900,000 fr. en chiffre rond, et à 5 p. % pour tout le surplus de son passif, est établi par un titre d'une authenticité incontestable : le réglement provisoire arrêté par M. le juge Samat, le 20 avril dernier (pièce n° 11), dans la contribution en ce moment ouverte devant le tribunal civil de Gap entre un certain nombre de créanciers du concessionnaire, car tous n'y sont pas. Ceux qui, pour une cause ou pour l'autre, n'ont pas produit cette fois, représentent un chiffre de 750,000 fr.

14. — Au surplus, il y a lieu de remarquer qu'il ne peut être question ici de prescription quinquenale pour les intérêts courus. Depuis l'origine c'est-à-dire depuis 1873, l'affaire n'a pas cessé un seul instant d'être en discussion, et même en instance soit devant le Conseil de Préfecture de la Seine, soit devant le Conseil de Préfecture des Hautes-Alpes.

Et d'ailleurs, ç'a toujours été par suite des refus arbitraires, plus que vexatoires de l'administration, que les sommes dues au concessionnaire et productives d'intérêts n'ont pas été payées au moment où elles auraient dû l'être.

15. — Que si d'ailleurs, pour une cause quelconque, il était jugé par le Conseil de Préfecture en ce moment saisi de l'affaire, que le calcul de la durée des intérêts ne doit pas avoir l'extension indiquée dans les paragraphes ci-après, ce serait purement et simplement à titre de dommages-intérêts *que la prescription ne peut atteindre,* que serait demandée l'allocation de la différence.

## PARAGRAPHE II

**Demande de condamnation de l'Etat à 28,411 fr. 29 pour intérêts à 6 p. 0/0 de 70,913 fr. 15 illégalement retenus au préjudice du concessionnaire.**

17. — Attendu que dans une lettre au Directeur du séquestre, en date du 4 décembre 1889 (pièce n° 4), le Ministre s'exprime ainsi :

« M. Garnier devant, aux termes des dispositions arrêtées lors de l'établissement du séques« tre, toucher *les trois quarts* des redevances (30 fr. sur 40), le concessionnaire a droit à · · · · · · · · · · · · · · · · · · · · · · · · · · · · · · · · · · · · · · · · · · · · · · · »

18. — Attendu qu'il résulte d'un compte de liquidation établi dans cette lettre :

1° Que le reste en caisse était au 31 décembre 1888, de 162,534 fr. 96 que le Ministre *a prescrit de verser à la caisse des dépôts et consignations* et que les créanciers du concessionnaire se sont distribués à l'amiable suivant procès-verbal de M° Liotard, avoué, en date du

2° Qu'il y a lieu, pour parfaire la somme en caisse qui doit représenter les trois quarts revenant à M. Garnier, d'ouvrir sur les fonds du Trésor un crédit de 70,913 fr. 15 et le Ministre ajoute : « Je me propose de mettre ce crédit à votre disposition aussitôt que M. Garnier, *aura « repris l'exploitation du canal,* »

**19.** — Attendu qu'il y a lieu de se demander par quel motif le Ministre a pu être amené à faire deux parts de la somme qu'il reconnait être due au concessionnaire ; l'une de 162, 534 fr. 96 qu'il a fait verser à la caisse des dépôts et consignations ; l'autre de 70,913 fr. 15 que l'administration devra garder par devers elle jusqu'à ce que M. Garnier ait repris l'exploitation du canal qu'il n'a jamais eue par parenthèse.

**20.** — Attendu qu'il y a d'autant plus à s'étonner de cette distinction que le paiement de 162,534 fr. 96 constitue l'exécution formelle de l'art. 16 des conditions énumérées en la lettre ministérielle du 3 mai 1873 que le ministre a fait accepter par le concessionnaire, c'est-à-dire l'application directe du contrat de séquestre tel qu'il a été défini aux n°s 5 à 10 *suprà*, tandis que la retenue de 70,913 fr. 15 est la violation flagrante du même contrat (v. pièce n° 1).

**21.** — Attendu en effet que c'est *sans aucune espèce* de condition, que d'après l'art. 16 ci-dessus relaté, « la somme restant disponible sur les produits de toute nature du canal après « avoir pourvu comme il vient d'être dit, au paiement des frais d'administration, de perception, « d'entretien et d'exploitation SERA REMISE AU CONCESSIONNAIRE OU A SES AYANTS-DROIT. »

Attendu qu'il ne peut appartenir à qui que ce soit, à plus forte raison à l'Etat qui est ici PARTIE CONTRACTANTE (V. n°s 9 et 10 ci-dessus), de venir ajouter à un contrat formel. Où y a-t-il place dans la disposition qu'on vient de lire et qui est *la seule qui gouverne l'emploi des produits du canal* après prélèvement des frais d'entretien *dans les conditions déterminées*, pour la réserve que fait le Ministre de ne verser au concessionnaire ces produits qui lui appartiennent, *que lorsqu'il aura pris l'exploitation du canal ?*

**22.** — Au surplus, par une précédente décision du 18 novembre 1889 (pièce n° 18), le Ministre, envisageant la question d'une manière générale, s'était prononcé dans le même sens en violation formelle du contrat de séquestre qui, à aucun point de vue, ne peut être modifié que du consentement de toutes les parties.

Le Ministre actuel, dans une lettre à deux députés en date du 24 mai 1893 (pièce n° 31), a d'ailleurs déclaré que cette décision du 18 novembre, avait été maintenue par le successeur immédiat du Ministre qui l'avait rendue et que lui-même la maintenait.

Ces décisions qui, sur la même question, se prononcent tantôt dans un sens, tantôt dans l'autre (c'est le cas de la décision du 4 décembre 1889), sont une preuve irrécusable de l'incohérence qui règne au ministère sur la question du canal de Gap.

**23.** — Attendu qu'aujourd'hui la situation se trouve complètement modifiée. Par un procès-verbal en date du 30 avril dernier, le canal ayant été remis au concessionnaire pour l'entretenir et l'exploiter, les décisions *absolument illégales* sur lesquelles le ministère s'appuyait pour retenir à son profit les 30 fr. par hectare souscrit, appartenant au concessionnaire et que le séquestre percevait, deviennent des titres *à ajouter aux prescriptions du contrat de séquestre* en vertu desquels le concessionnaire a le droit de réclamer la restitution de ces 30 francs.

Donc, à quelque point de vue qu'on se place, la réserve stipulée dans la lettre ministérielle du 4 décembre 1889 (pièce n° 4), a disparu et la somme de 70,913 fr. 15, doit être restituée au concessionnaire, par l'effet même des décisions des 4 décembre et 18 novembre 1889, qui en avaient suspendu le paiement et par l'effet encore des décisions approbatives de celle du 18 novembre, dont il est question dans la lettre ministérielle rappelée au n° 22 ci-dessus.

Dans ces conditions, comme le concessionnaire ne considère plus la somme de 70,913 fr. 15 comme présentant le moindre caractère litigieux, il ne l'a pas fait figurer dans les conclusions complémentaires qu'il présente ici au Conseil de Préfecture.

24. — Attendu que, quant aux intérêts que les 70,913 fr. 15 doivent produire, il y a désaccord formel entre le Ministère et le concessionnaire, puisque le premier ne les calcule qu'à raison de 2 p. °/° (pièce n° 23) tandis que le second prétend (v. le n° 13 ci-dessus) que ces intérêts lui sont dûs à raison de 6 p. °/°.

Dans ces conditions, le différend se trouve déféré par le concessionnaire à la juridiction de MM. les membres du Conseil de Préfecture.

Donc, ces intérêts calculés à 6 p. °/° à raison de 4,254 fr. 78 par an donnent pour 5 ans, de janvier 1889 au 1er juillet 1894, la somme de 23,411 fr. 29.

25. — A ces 23,411 fr. 29, il y a lieu d'ajouter la différence entre 2 p. °/°, taux auquel ont été calculés les intérêts, qui ont donné la somme de 15,867 fr. 11 qui figure au décompte consigné en la lettre ministérielle du 4 déc. 1889, et 6 p. °/° qui est la quotité d'intérêt à laquelle le concessionnaire a droit d'après le n° 13 ci-dessus.

Comme le concessionnaire ne connaît pas les éléments du décompte qui ont produit la somme de 15,867 fr. 11, ce sera à l'ingénieur en chef de les produire pour la fixation de la somme d'intérêt à laquelle le concessionnaire a droit sur la partie de recettes à laquelle correspondent ces 15,867 fr. 11.

25 *bis*. — Par les motifs ci-dessus, le concessionnaire conclut à ce qu'il plaise au Conseil de Préfecture condamner l'Etat 1° à lui payer la somme de 23,411 fr. 29 dès à présent liquidée pour intérêts à lui dû du 1er janvier 1889 au 1er juillet 1894 ; 2° la somme à liquider pour les différences d'intérêts entre le taux de 2 et 6 p. °/° sur les sommes recouvrées sur les redevances jusqu'au 31 décembre 1888. . . . . . Mémoire.

---

## PARAGRAPHE III

**Demande de condamnation de l'Etat à 59,154 fr. 50, pour intérêts des sommes retenues au préjudice du concessionnaire, représentant les trois quarts des redevances perçues pendant les années 1889, 1890, 1891, 1892 et 1893 et les six premiers mois de 1894.**

26. — Attendu que les articles 16 du contrat entre le Ministre et le concessionnaire et 15 des engagements des arrosants sont ainsi conçus :

« Sur les produits des taxes pour arrosages périodiques, il sera prélevé, *sans pouvoir dépasser* « *dix francs par hectare*, la somme nécessaire pour acquitter les frais d'administration, de percep-

— 13 —

« tion, d'entretien des canaux et de distribution des eaux dont le syndicat demeure chargé aux
« termes de l'art. 12 ci-dessus.

« Les taxes pour arrosages exceptionnels, pour usines ou chutes d'eau et les revenus fonciers
« du canal pourront, en outre, s'il en estbesoin, être consacrés en entier au paiement desdits frais.

« Dans le cas où les ressources ainsi mises à la disposition du syndicat seraient insuffisantes
« pour subvenir à toutes ces charges, il y serait pourvu au moyen d'un rôle supplémentaire sur
« les membres de l'Association, sauf dans les trois premières années où l'excédent des dépenses
« sur les recettes serait imputé sur les fonds du Trésor. »

27. — Enfin d'après l'article 16, « la somme restant disponible sur les produits de toute
« nature du canal, après avoir pourvu, *comme il vient d'être dit,* au paiement des frais d'admi-
« nistration, de perception, d'entretien et d'exploitation sera remise au concessionnaire ou à ses
« ayants-droit ; le revenu qui lui est ainsi assuré pour l'indemniser des dépenses qu'il a faites
« jusqu'à ce jour, NE POURRA ÊTRE MOINDRE DE TRENTE FRANCS PAR HECTARE SOUSCRIT A L'ARRO-
« SAGE. »

28. — Attendu qu'à la lettre ministérielle du 4 décembre 1887 rappelée au n° 17 *suprà*, portant
qu'aux termes des dispositions arrêtées lors de l'établissement du séquestre, M. Garnier doit toucher *les trois quarts* des redevances, c'est-à-dire 30 fr. sur 40 fr. par hectare souscrit à raison de
2,500 hectares, il y a lieu, *pour la renforcer,* d'ajouter d'autres décisions ministérielles, notamment :

1° Une lettre du Ministre au concessionnaire, en date du 30 juillet 1888, portant qu'il lui est
réservé sur les recettes une redevance de 30 fr. par hectare souscrit, qui doit lui être versée par
l'association syndicale (pièce n° 16).

2° Une lettre du 5 octobre 1889 (pièce n° 9) par laquelle le Ministre annonce au concessionnaire qu'il prend les mesures nécessaires en vue du règlement des comptes qu'il demande au sujet
des 3/4 lui revenant sur les redevances payées sur le canal.

3° Une lettre du 30 juillet 1888 (pièce n° 17) par laquelle le Ministre commence par déclarer
au Préfet « qu'une des principales fonctions du syndicat, véritable débiteur de M. Garnier, sera de
« percevoir les taxes et de lui remettre, après le prélèvement des frais d'entretien, *la somme de*
« *30 fr. par hectare* QUI LUI A ÉTÉ GARANTIE.

Et ensuite que l'association syndicale « devra verser à M. Garnier le produit des taxes, après
« le prélèvement des sommes prévues à l'article 15 des actes d'engagement. Et qu'en exécution du
« dernier paragraphe de cet article, si les dépenses excèdent les ressources, il y sera pourvu au
« moyen d'un rôle supplémentaire sur les membres de l'association syndicale, sauf dans les trois
« premières années qui suivront le premier janvier 1889 pendant lesquelles l'excédent sera imputé
« sur les fonds du trésor, à la condition toutefois que le syndicat sera formé à cette date. »

4° Une lettre du 18 novembre 1889 par laquelle le Ministre annonce au concessionnaire *que
la part réservée* à celui-ci sur les redevances encaissées par le séquestre sera versée entre ses
mains aussitôt qu'il aura repris l'exploitation du canal (pièce n° 18).

5° Une lettre du 24 mai 1893 par laquelle le Ministre déclare que la décision du
18 novembre 1889 a été maintenue par le successeur immédiat du Ministre qui l'a rendue et que
lui même la maintient (pièce n° 31).

Ce qui fait en tout *sept décisions* ministérielles qui ont consacré la disposition du contrat de
séquestre qui assure au concessionnaire un *minimum* de 30 fr. par hectare souscrit à l'arrosage
(voir en outre télégramme et lettre signalés au n° 12 avant dernier alinéa).

29. — Attendu que les trois quart des sommes encaissées par le séquestre pendant les années 1889, 1890, 1891, 1892, 1893 et 1894 au 1er juillet 1894 et qui ont été illégalement retenues par l'administration aux termes des nos 26 et 27 ci-dessus, s'élèvent à 309,380 fr.

Le concessionnaire fait remarquer que, n'ayant jamais reçu aucun compte de la part du séquestre, il n'est pas sûr de l'exactitude des chiffres qu'il pose ici. Ce sera à l'ingénieur en chef de les faire rectifier s'ils sont erronés.

Dans tous les cas, de ces 309,380 fr., il faut déduire les 71,325 fr. versés à la caisse des dépôts et consignations, ce qui réduit à 238,055 fr., la somme illégalement retenue par l'administration au préjudice du concessionnaire.

30. — Attendu que par suite de la nouvelle situation signalée au n° 23 ci-dessus, et par le fait de l'application littérale de la décison ministérielle du 18 novembre 1889 et des deux décisions rappelées en la lettre du 24 mai 1893, cette somme de 238,055 devant être restituée au concessionnaire, celui-ci ne la fait pas figurer à l'instance pendante, parce qu'il ne la considère pas comme litigieuse.

31. — Quant aux intérêts que cette somme doit produire, il y a désaccord entre le ministère et le concessionnaire qui l'arbitrent : l'un à 2 p. o/o, l'autre à 6 p. o/o. C'est donc au Conseil de Préfecture qu'il appartient de vider le différent.

La recette a été pour 1889 de 82,789 fr. 87 dont les trois quarts, revenant au concessionnaire, sont de 62,092 fr. 44 ; ce qui donne pour 5 ans et demi jusqu'au 1er juillet 1894, à 6 p. o/o d'après ce qui a été dit au n° 13 ci-dessus, à raison de 3,725 fr. 54 par an, la somme de    20,489 fr. 97

La recette pour 1890 a été de 72,878 fr. 55 dont les trois quarts sont de 54,659 fr. 55, ce qui donne pour 4 ans et demi, à 6 p. o/o, à raison de 3,279 fr. 57, ci . . . . . . . . . . . . . . . . . . . . . . . . . . . . 14,758 06

La recette pour 1891 a été de 71,307 fr. 64 dont les trois quarts sont de 53,480 fr. 73, ce qui pour trois ans et demi, à 6 p. o/o, à raison de 3,208 fr. 84, donne . . . . . . . . . . . . . . . . . . . . . . . . 11,230 94

La recette pour 1892 a été de 69,941 fr. 36 dont les trois quarts sont de 52,456 fr. 02, ce qui donne pour deux ans et demi, à 6 p. o/o, à raison de 3,147 fr. 02 par an, ci . . . . . . . . . . . . . . . . . . . . . . 7,867 90

La recette pour 1893 a été de 71,225 fr. 68 dont les trois quarts sont de 53,419 fr. 26, ce qui donne pour un an et demi, jusqu'au 1er juillet 1894, à raison de 3,205 fr. par an, à 6 p. o/o . . . . . . . . . . . . . . . . 4,807 72

Total. . . . . . . . . . 59.154 fr. 59

32. — Par les motifs ci-dessus déduits, le concessionnaire conclut à ce qu'il plaise au Conseil de Préfecture condamner l'État à lui payer la somme de 59,154 fr. 50, pour intérêts à 6 p. o/o des sommes perçues par le séquestre à raison des 3/4 revenant au concessionnaire sur les redevances du canal.

## PARAGRAPHE IV

**Demande de condamnation de l'Etat à lever la réserve qui rend indisponible pour le concessionnaire, le dépôt de 40,000 francs fait à la Caisse des dépôts et consignations.**

33. — Attendu que c'est par suite d'une violation dans le même ordre d'idées, sinon de même nature qu'au paragraphe 2 ci-dessus, que le Directeur du séquestre a fait à la caisse des dépôts et consignations, le 30 décembre 1891, le dépôt d'une somme de 40,000 fr. provenant des redevances du canal, *avec la réserve* « que cette somme ne pourra être remise à M. Garnier qu'après que ses « droits et ceux du séquestre auront été définitivement réglés. »

34. — Attendu que des difficultés ont existé, dès l'origine, entre l'Etat et le concessionnaire par suite des dénis de justice dont les conclusions complémentaires actuelles fournissent de trop nombreux exemples. Comme d'ailleurs l'administration peut faire surgir des difficultés à tout propos, tout démontre combien est arbitraire et irrationnelle la réserve faite au moment du dépôt de la somme de 40,000 fr.

35. — Attendu qu'il dépendrait de l'administration d'immobiliser les redevances qui doivent être perçues pour le compte du concessionnaire et de laisser, par conséquent celui-ci sans ressources du chef de sa concession — comme cela a d'ailleurs lieu depuis si longtemps — ce qui serait non seulement illégal mais absurde.

36. — Attendu d'ailleurs, que cette réserve n'a pu être faite qu'en violation du contrat de séquestre qui ne met aucune condition au versement, pour le compte du concessionnaire, des redevances perçues au fur et à mesure du prélèvement qui est fait sur ces redevances du quart réservé pour l'entretien et l'exploitation du canal, ainsi qu'on peut le voir au n° 27 ci-dessus.

37. — Par ces motifs, le concessionnaire conclut à ce qu'il plaise au Conseil de Préfecture..... condamner l'Etat à lever la réserve qui, à la caisse des dépôts et consignations, rend la somme de 40,000 fr. indisponible pour le concessionnaire ;

Condamner en outre l'Etat à payer à celui-ci, sous imputation des intérêts dûs par la caisse des dépôts et consignations, les intérêts à 6 p. % (v. le n° 13 ci-dessus), de la somme de 40,000 fr. depuis le jour de son dépôt jusqu'à celui de son remboursement.

---

## PARAGRAPHE V

**Demande de condamnation de l'Etat à payer au concessionnaire, 20,160 fr. pour intérêts du dernier cinquième de son cautionnement.**

38. — Attendu que le cautionnement imposé à un entrepreneur ou à un concessionnaire n'a d'autre but que *de garantir* à l'Etat la terminaison des travaux de la part de l'entrepreneur ou du concessionnaire.

Or, comme l'Etat s'est, par le contrat de séquestre, mis au lieu et place du concessionnaire pour la terminaison des travaux (v. la lettre du 3 mai 1873, 8ᵉ alinéa, pièce n°1), il n'y a plus lieu à aucune garantie de la part du concessionnaire : dès lors le cautionnement devient sans objet.

39. — Attendu que c'est dans cet ordre d'idées que depuis fort longtemps, depuis la date du contrat de séquestre, le concessionnaire demandait le remboursement du dernier cinquième de son cautionnement illégalement retenu ; mais il n'avait jamais pu obtenir que des réponses évasives.

40. — Attendu que sur le cautionnement qui avait été fixé à 75,000 fr. par une décision ministérielle du 15 avril 1863, et versé à la recette générale des Hautes-Alpes à la date du 12 mai 1863, suivant une déclaration qui est entre les mains de l'administration, il a été successivement remboursé jusqu'à concurrence de 60,000 fr.

Le dernier remboursement s'élevant à 35,000 fr. a eu lieu le 1ᵉʳ septembre 1870.

41. — Attendu que le Ministre s'étant enfin décidé à faire rendre l'acte de justice réclamé, annonçait au concessionnaire, par sa lettre du 10 août 1889 (pièce n° 5), qu'il prenait les mesures nécessaires pour que le remboursemnt demandé lui fût assuré *dans un bref délai ;* ce qui n'a pas encore eu lieu.

42. — Attendu qu'il restait à rembourser 15,000 fr. qui étaient déposés à la caisse des dépôts et consignations, que celle-ci n'a jamais voulu les rembourser sans des ordres ministériels qui, *souvent promis,* ne sont jamais arrivés.

Que ce dépôt ne produit que 3 p. % tandis que si jamais le concessionnaire peut avoir des droits à être indemnisé, c'est bien dans la circonstance actuelle où l'incurie et même le mauvais vouloir de l'administration se sont accusés d'une façon si caractéristique : ça été faire le mal pour le mal, sans but ni portée. Le concessionnaire demande donc que les intérêts de ces 15,000 fr. soient calculés à 6 p. %, conformément à ce qui est dit au n° 13 ci-dessus.

Il faut d'ailleurs considérer que la question ne doit plus être envisagée ici comme au point de vue du remboursement d'un cautionnement dont les intérêts sont calculés à 3 p. %. Il s'agit réellement d'une somme qui a pris le caractère d'une créance ordinaire le jour où l'Etat s'étant trouvé dans l'obligation légale de la rembourser par suite dès engagements pris par lui dans le contrat de séquestre, n'a opposé depuis 20 ans aux légitimes réclamations du concessionnaire, que des refus sans cause ou tout au moins des moyens dilatoires sans excuse.

43. — Ces 15,000 fr. au 6 juin 1873, date de l'acceptation du contrat de séquestre par le concessionnaire, et par conséquent point de départ du calcul des nouveaux intérêts, représentaient 16,000fr. à rembourser, comme ils doivent être remboursés par application de ce qui qui a été dit aux n°ˢ 23 et 24 ci-dessus, il n'y a pas à s'en occuper ici, le concessionnaire n'en ayant pas saisi le Conseil de Préfecture, parce qu'il ne le considère pas comme litigieux.

Quant aux intérêts à 6 p. % courus depuis le 6 juin 1873 jusqu'au 6 juin 1894 ils donnent pour 21 ans à raison de 960 fr. par an 20,160 fr.

44. — Par ces motifs, le concessionnaire conclut à ce qu'il plaise au Conseil de Préfecture ..... condamner l'Etat à lui payer la somme de 20,160 fr., en y ajoutant les intérêts qui courront depuis le 6 juin 1894 jusqu'au jour de la libération de l'Etat. Dire que l'administration fera son affaire des intérêts à 3 p. % du solde de 15,000 fr. qui est encore déposé à la caisse des dépôts et consignations.

## PARAGRAPHE VI

### Demande de condamnation de l'Etat à 26,460 fr., pour intérêts du solde de la subvention accordée au concessionnaire.

**45.** — Attendu que depuis vingt ans, le concessionnaire n'a cessé de réclamer, mais en vain, le paiement du solde, s'élevant à 20,000 fr., de la subvention de deux millions qui lui avait été accordée en vertu de son contrat de concession. Que cette créance sur l'État provenait de ce que le dixième de garantie qui avait été retenu sur cette subvention de 2,000,000 fr. ayant été remboursé jusqu'à concurrence de 180,000 fr., une garantie de 20,000 fr. avait seule été réservée.

**46.** — Attendu qu'une garantie en vue de travaux à exécuter, n'ayant plus de raison d'être, ainsi que cela est expliqué au n° 38 *suprà*, depuis que le gouvernement a pris l'engagement de terminer le canal au lieu et place du concessionnaire, le solde de la subvention accordée au concessionnaire doit lui être payé.

**47.** — Attendu que le Ministre avait reconnu dans sa lettre du 10 août 1889, que la question avait été résolue en faveur du concessionnaire par une première décision ministérielle du 6 août 1875 ; qu'en conséquence, il avait alloué à celui-ci une somme de 20,000 fr. qui avait fait l'objet d'un mandat qui lui avait été remis, ainsi que l'a constaté la lettre ministérielle du 25 septembre 1889 (pièce n° 6).

L'ingénieur en chef avait été d'ailleurs avisé de cette décision par lettre du 8 octobre 1889 (pièce n° 7).

Ce mandat n'ayant pu être payé, par suite des oppositions qui frappent au Trésor toutes les sommes qui peuvent appartenir au concessionnaire, est resté sans objet entre les mains de celui-ci.

**48.** — Attendu qu'il y aura cinq ans au mois d'août prochain que le concessionnaire réclame en vain l'exécution de ces dernières décisions ministérielles ; que les intérêts réclamés ne sauraient être contestés à cause du mauvais vouloir montré par l'administration à remplir ses engagements ; que d'ailleurs, du moment que le gouvernement s'est trouvé *dans l'obligation légale* de rembourser ces 20,000 fr., ainsi que cela est expliqué au n° 46 ci-dessus, il ne s'est plus agi d'une subvention à payer, mais d'une dette ordinaire de l'Etat, passible d'intérêts comme toutes les dettes de cette nature. Le capital de 20,000 fr. devant être remboursé par application de ce qui a été dit aux n°s 23 et 24 ci-dessus, il n'y a pas à s'en occuper ici ; il reste en dehors de l'instance.

**49.** — Quant aux intérêts de cette somme, leur taux doit être établi, comme il est dit au n° 13 ci-dessus, sur le pied de 6 p. °/₀ à partir du 6 juin 1873, date où la somme de 20,000 fr., est devenue exigible, par suite de la formation du contrat de séquestre.

Ces intérêts, à raison de 6 p. °/₀ par an, s'élèvent à 26,460 fr. pour 21 ans, au 6 juin 1894.

**50.** — Par ces motifs, le concessionnaire conclut à ce qu'il plaise au Conseil de Préfecture..... condamner l'Etat à lui payer la somme de 26,460 fr., en y ajoutant les intérêts qui courront à partir du 6 juin 1894, jusqu'au jour où l'Etat se libérera.

## PARAGRAPHE VII

**Demande de condamnation de l'Etat à 235,966 fr. 63 en capital et intérêts, pour non perception des taxes d'arrosage sur les souscripteurs complémentaires.**

51. — Attendu que d'après les accords intervenus entre l'Etat et le concessionnaire, conformément à la lettre ministérielle du 3 mai 1873 (pièce nº 1) dont les conditions avaient été acceptées par le concessionnaire, le 6 juin 1873 (pièce nº 2), l'Etat s'était engagé à terminer le canal sur les fonds du trésor, sous la condition que les arrosants soumettraient à l'arrosage 2,500 hectares au moins.

Les arrosants ayant accepté cette condition par l'article 11 de leurs engagements (pièce nº 3), l'accord était devenu définitif. Aussi la souscription ouverte sur ces bases n'ayant réalisé que 1,805 hectares, il devenait indispensable que les 2,500 hectares dont la souscription avait été promise au concessionnaire par l'Etat et à l'Etat et au concessionnaire par l'article 11 des engagements des arrosants, fussent souscrits.

L'administration, en ayant fait une condition de l'obligation qu'elle avait contractée de terminer le canal sur les fonds du trésor, un certain nombre de propriétaires vinrent garantir, par une souscription complémentaire les 695 hectares manquants.

52. — Attendu que pour cet ordre de souscripteurs que l'on désigne sous le nom de souscripteurs complémentaires, il avait été stipulé dans l'acte d'engagement, qu'ils n'auraient à payer les redevances afférentes à leurs 695 hectares, que lorsque le canal serait terminé (pièce nº 28).

53. — Attendu que les souscripteurs complémentaires, *qui sont tous en même temps souscripteurs ordinaires*, ont soumis à l'arrosage, à la charge de l'engagement hypothécaire de tous leurs autres immeubles, *les mêmes parcelles* qu'ils avaient déjà engagées à l'arrosage par leur souscription ordinaire. De là, une première solution qui consisterait à dire que les souscripteurs complémentaires ont, *par le fait*, été mis à même, au même instant que les souscripteurs ordinaires, d'arroser les parcelles qu'ils avaient soumises à l'arrosage à titre de souscripteurs complémentaires.

Mais il y a mieux à dire ici : c'est, ainsi que l'ingénieur en chef l'a très bien fait ressortir dans son mémoire au Conseil de préfecture, le 20 février 1891 (pièce nº 14), que les souscripteurs complémentaires ne sont intervenus dans la souscription *qu'à titre de garants* des 695 hectares manquant à la souscription des 2,500 hectares.

**54.** — Attendu qu'en principe, il ne pouvait y avoir aucune distinction à faire entre les souscripteurs ordinaires et les souscripteurs complémentaires, pour le payement des redevances, aussitôt que l'eau serait livrée. La raison en est que, s'il est vrai que les souscripteurs complémentaires ne prélevaient aucune eau sur le canal pour l'arrosement des parcelles engagées par eux, ils n'en tenaient pas moins la place, *par leur garantie*, des souscripteurs manquants dont les hectares auraient été engagés, s'ils eussent concouru à la souscription.

Donc les parcelles engagées par eux *à leur titre de souscripteurs complémentaires* devaient payer les redevances afférentes aux hectares qui faisaient défaut parce que leurs propriétaires n'avaient pas souscrit.

La conséquence forcée de cet état de choses, c'est que l'année 1880 qui a été le point de départ du paiement des redevances pour les souscripteurs ordinaires qui recevaient l'eau, aurait dû l'être également pour les souscripteurs complémentaires qui tenaient la place de propriétaires qui, étant censés avoir souscri, avaient à payer l'eau afférente à leur souscription.

**54 *bis*.** — Donc la stipulation qu'ils n'auraient à payer l'eau qu'à partir du jour où les travaux seraient terminés, a constitué un tel abus, qu'on ne s'explique pas que l'administration l'aie laissé passer inaperçu (v. n° 56 *infrà*.)

Or, c'est l'administration qui a par le fait présidé aux souscriptions soit ordinaires, soit complémentaires, puisque c'est elle qui, par sa décision du 9 avril 1874! (pièce, n° 8) les a définitivement acceptées telles qu'elles étaient organisées.

Il résulte de là qu'elle a engagé sa responsabilité à propos de la réserve relative au paiement des redevances complémentaires *à partir du moment seulement où le canal sera terminé*, réserve dont le concessionaire souffre d'une manière particulière (v. n°ˢ 57 et 58 ci-après).

**55.** — Attendu qu'au surplus, il y a une circonstance aggravante qui, en dehors de tout autre considération, engage irrévocablement la responsabilité du gouvernement, c'est que par sa décision du 9 avril 1894 (pièce n° 8), le ministre s'appuyant sur l'avis du Conseil général des ponts et chaussées, a approuvé la souscription des 695 hectares complémentaires, sans faire aucune réserve au sujet de l'anomalie que présentaient les engagements des souscripteurs de ces hectares, de n'avoir à payer que lorsque le canal serait terminé.

**56.** — Attendu que cette anomalie ne paraît pas avoir appelé l'attention de l'administration, car le Ministre, dans sa lettre au Préfet du 9 avril 1874 (pièce n° 8), se contente de dire que le complément pour arriver aux 2,500 hectares exigés, soit 695 hectares, a été obtenu au moyen de 270 hectares souscrits par la ville de Gap et 425 hectares souscrits par 50 des principaux propriétaires intéressés.

Il ajoute d'ailleurs que les souscripteurs de ces 425 hectares s'obligent « à payer COMME « TOUS LES AUTRES SOUSCRIPTEURS la redevance de 40 fr. par hectare stipulée à l'article 11 des « actes d'engagement », mais il ne parle pas de la réserve, ajoutée à la main, de ne payer que « lorsque le canal sera terminé, *contrairement à ce que font tous les autres souscripteurs qui payent l'eau au fur et à mesure de sa livraison*. Or, du moment que, comme le dit le Ministre, ils s'obligent à payer comme tous les autres souscripteurs, ILS DEVRAIENT PAYER A PARTIR DE LA LIVRAISON DE L'EAU.

**57.** — Attendu qu'au surplus, l'État a consacré au bénéfice des souscripteurs complémentaires, l'exemption de tout paiement antérieurement à la terminaison du canal. En effet, comme il ne devait, d'après le contrat de séquestre, commencer les travaux du canal que lorsque les arrosants lui auraient présenté une souscription de 2,500 hectares, il a si bien considéré *cette* *souscription comme réalisée* qu'il a procédé sans interruption, à partir de ce moment, aux travaux d'achèvement du canal.

Quoi qu'il en soit, la réserve, pour les souscripteurs complémentaires, de ne payer qu'après la terminaison du canal, serait de nature à diminuer considérablement les produits revenant au concesssionnaire. En effet, alors que les souscripteurs ordinaires paient leurs redevances depuis 1881 pour les arrosages faits en 1880, les souscripteurs complémentaires n'ont encore rien payé.

58. — Attendu qu'il faut d'ailleurs remarquer que l'expiration des cinquante années qui constituent la durée de la concession, arrivera le même jour pour les souscripteurs ordinaires et les souscripteurs complémentaires. C'est ce qui résulte formellement de la lettre ministérielle du 5 octobre 1889 (pièce n° 9) qui n'est que la conséquence d'une lettre précédente du 10 août 1889 (pièce n° 37).

Il y aurait donc perte pa[r] le concessionnaire de toutes les redevances complémentaires à courir entre le jour où les prem[ières] redevances ordinaires ont été payées et le jour où les redevances complémentaires naîtront par suite de la terminaison des travaux à la charge de l'Etat. C'est ce qui ne doit pas être. Le contrat de séquestre ne peut l'entendre ainsi (v. n°s 60 et 61).

59. — Attendu que pour que les souscripteurs complémentaires soient tenus de payer les redevances correspondantes aux 695 hectares qui leur compètent, il faut que le canal soit terminé. Or, depuis 1888 l'administration affirme que le canal est terminé, puisque par l'arrêté ministériel du 30 juillet 1888, elle a mis en demeure les souscripteurs d'avoir à payer à partir du 1er janvier 1889. Mais comme ceux-ci refusent en alléguant qué les travaux sont ou non terminés ou en mauvais état, c'est à elle qu'il incombe, *au moins à partir du 1er janvier 1889*, d'obliger les souscripteurs complémentaires à payer les redevances ou de payer pour eux, du moment qu'elle ne peut pas triompher de leur refus *tel qu'il est motivé*.

Attendu que le concessionnaire *qui n'a jamais été consulté en rien*, en dehors de la demande que le Ministre lui a faite, par sa lettre du 3 mai 1873, de son acceptation des conditions proposées par le gouvernement pour la mise sous séquestre (v. le n° 6 *suprà*) aurait à souffrir cruellement, ainsi qu'on l'a vu aux deux n°s précédents, de la clause qui exempte les souscripteurs complémentaires de tout paiement de redevances jusqu'à la terminaison du canal, sans la clause protectrice qui lui assure un *minimum* de redevance de 30 fr. sur chaque hectare souscrit.

60. — Vainement l'administration objecte-t-elle : 1° dans la lettre du Ministre au Préfet du 30 juillet 1888 (pièce n° 17), que le véritable débiteur de M. Garnier est le syndicat ; 2° dans la lettre du Ministre au concessionnaire, à la même date, que les trente francs qui lui sont réservés sur chaque hectare souscrit à l'arrosage, doivent lui être versés, non pas par l'administration *qui n'est pas sa débitrice*, mais par l'association syndicale des arrosants (pièce n° 16).

En droit, sa théorie n'est pas contestable, mais elle reste sans effet dans la question actuelle. Ce n'est pas en effet *comme débiteur principal* qu'elle peut être obligée de payer les 30 fr. par hectare souscrit, MAIS COMME GARANTE. Ce n'est donc qu'à défaut des souscripteurs qu'elle est tenue de payer.

Il y a lieu de remarquer que c'est uniquement dans les accords intervenus entre l'Etat et le concessionnaire et dans l'article 16 des conditions insérées dans la lettre du Ministre du 3 mai 1873 (pièce n° 1) qu'il est stipulé que le revenu qui EST ASSURÉ au concessionnaire ne pourra être moindre de 30 fr. par hectare souscrit. Comme il n'y a ici en cause que l'Etat et le concessionnaire, ce n'est manifestement que par l'Etat que doit être assuré ce minimum de revenu.

61. — Au surplus l'Etat lui-même a consacré cette solution d'une façon péremptoire dans les

instructions *très étudiées* que le Ministre a données au Préfet des Hautes-Alpes le 30 juillet 1888 (pièce n° 17) où il est dit que le syndicat devra percevoir les taxes et remettre au concessionnaire la somme de 30 fr. par hectare QUI LUI A ÉTÉ GARANTIE, et cela sans faire aucune réserve même pour le cas où les souscripteurs ne paieraient pas, comme cela se présente actuellement pour les souscripteurs complémentaires.

Cette obligation pour l'Etat de GARANTIR au concessionnaire les 30 fr. par hectare souscrit que l'article 16 lui ASSURE, a été ainsi qu'on vient de le voir, spécialement édictée pour le gouvernement seul. En effet, pourquoi l'article 15 des engagements *des arrosants dont les trois premiers paragraphes reproduisent textuellement* les trois premiers paragraphes de l'article 16 des accords entre l'Etat et le concessionnaire (v. n°s 26 et 27 ci-dessus), s'arrête-t-il à ces trois paragraphes et ne reproduit-il pas le quatrième paragraphe par lequel un *minimum* de 30 fr. par hectare est assuré au concessionnaire ? (pièce n° 3).

C'est que les arrosants n'ayant à exécuter que leurs engagements personnels et étant par conséquent étrangers *à toute garantie* au regard du concessionnaire, la reproduction de ce quatrième paragraphe était sans objet pour l'article 15.

62. — Quand à l'Etat, il se trouvait engagé envers celui-ci. En effet, comme d'après le contrat de concession, M. Garnier avait droit à 23 fr. par hectare souscrit et que par deux souscriptions antérieures, 4,000 hectares avaient été souscrits à l'arrosage (pièce n° 26), il était assuré d'un revenu de 92,000 fr., en dehors de tout entretien qui, d'après les actes d'engagement de 1862, était également à la charge des arrosants.

Or, comme malgré l'offre que la délibération des arrosants du 10 novembre 1872 (pièce n° 29) faisait de porter la redevance de 23 à 40 fr., le concessionnaire répugnait fort au séquestre, ainsi que le constate sa lettre du 25 décembre 1872 (pièce n° 27). Comme on ne pouvait le lui imposer, il fallait à tout prix, pour lever ses scrupules, *lui donner la garantie de revenu qu'il exigeait* avec d'autant plus de raison que son revenu se trouvait réduit de 92,000 fr. que représentaient les 4,000 hectares souscrits à 23 fr., à 75,000 fr. montant de 2,500 hectares à 30 fr.

62 *bis*. — Attendu que la décision du 9 avril 1874 (pièce n° 8), en créant pour les souscripteurs complémentaires *le droit Léonin* d'échapper à la loi commune à tous les souscripteurs d'avoir à payer au fur et à mesure de la livraison de l'eau, a, du même coup, créé pour le concessionnaire *le droit d'exiger* une réparation conformément aux accords intervenus entre le Ministre et lui. Or, comme ces accords, ainsi qu'on l'a vu au n° 61 ci-dessus, LUI ONT GARANTI, un *minimum* de 30 fr. par hectare SOUSCRIT, cette garantie qui est primordiale et domine toutes les situations, l'autorise à réclamer ce *minimum* non seulement sur les hectares souscrits par les souscripteurs ordinaires, mais encore sur ceux qui ont fait l'objet de la souscription complémentaire.

Dans ces conditions, le concessionnaire va commencer par établir le calcul des sommes qui auraient été dues par les souscripteurs complémentaires s'ils s'étaient trouvés, *quant au payement,* dans les mêmes conditions que les souscripteurs ordinaires.

63. — Dans cet ordre d'idées, il faut reconnaître que les 100,000 fr. de redevances qui, à 40 fr. représentent le montant de la souscription des 2,500 hectares exigés, sont à diviser de la manière suivante :

Jusqu'à concurrence de 72,200 fr. pour les souscripteurs ordinaires et de 27,800 fr. pour les souscripteurs complémentaires.

Il résulte de là qu'en établissant une règle de proportion entre les sommes *recouvrées* par année sur les 72,200 fr. afférents aux souscripteurs ordinaires et les 27,800 fr. *qui auraient été à payer* pour les mêmes années par les souscripteurs complémentaires, comme représentant leur contingent dans les redevances, on obtient les résultats suivants.

<table>
<tr><td colspan="2" align="center">SOMMES PAYÉES<br>PAR LES SOUSCRIPTEURS ORDINAIRES</td><td colspan="2" align="center">SOMMES A PAYER<br>PAR LES SOUSCRIPTEURS COMPLÉMENTAIRES</td></tr>
<tr><td>1881......</td><td>5.990 f. 48</td><td>2.306 f. 55</td><td></td></tr>
<tr><td>1882......</td><td>15.722 93</td><td>6.053 96</td><td></td></tr>
<tr><td>1883......</td><td>23.383 13</td><td>9.003 44</td><td></td></tr>
<tr><td>1884......</td><td>39.035 03</td><td>15.035 05</td><td></td></tr>
<tr><td>1885......</td><td>53.546 12</td><td>20.617 40</td><td></td></tr>
<tr><td>1886......</td><td>63.007 77</td><td>24.260 51</td><td></td></tr>
<tr><td>1887......</td><td>67.184 19</td><td>25.868 60</td><td></td></tr>
<tr><td>1888......</td><td>22.238 36</td><td>8.562 66</td><td></td></tr>
<tr><td>1889......</td><td>65.789 87</td><td>25.331 73</td><td></td></tr>
<tr><td>1890......</td><td>72.878 06</td><td>28.060 97</td><td></td></tr>
<tr><td>1891......</td><td>71.307 64</td><td>27.456 38</td><td></td></tr>
<tr><td>1892......</td><td>69.941 36</td><td>26.930 41</td><td></td></tr>
<tr><td>1893......</td><td>72.350 25</td><td>27.950 30</td><td></td></tr>
<tr><td></td><td></td><td>Total..... 247.437 96</td><td></td></tr>
</table>

**64.** — La somme de 247,437 fr. 96 qui, après en avoir déduit un quart pour l'entretien, ce qui la réduit à 185,615 fr. 97, représente les sommes qui auraient été successivement perçues par le concessionnaire, si les souscripteurs complémentaires avaient payé les redevances leur afférant depuis la date de la livraison de l'eau, est naturellement passible d'intérêt à 6 °/₀ (v. n° 13 *suprà*), comme toutes les sommes dont, pour une cause ou pour une autre, le concessionnaire a été frustré.

**65.** — Le calcul de ces intérêts doit être établi de la manière suivante :

1881 — aurait du produire 2,306 fr. 55 dont les 3/4 sont de 1,729 fr. 92 qui, pour 12 ans (du 1er octobre 1881 au 1er octobre 1893) à raison de 103 fr, 79 par an, à 6 p. °/₀ donnent ci. . . . . . . . . . . . . . . . . . . . . . . . . . . . . . . . . . . 1,245 fr. 48

1882 — pour 6,053 fr. 96 dont les 3/4 sont de 4,540 fr. 47 qui pour 11 années, à raison de 272 fr. 42 par an, à 6 p. °/₀ donnent ci . . . . . . . . 2,996 71

1883 — pour 9,003 fr. 44 dont les 3/4 sont de 6,752 fr. 58 qui, pour 10 années à raison de 405 fr. 15 par an, à 6 p. °/₀ donnent . . . . . . . . . 4,051 54

1884 — pour 15,035 fr. 05 dont les 3/4 sont de 11,276 fr. 29 qui, pour 9 ans, à raison de 676 fr. 57 par an, à 6 p. °/₀ donnent. . . . . . . . . . 6,089 18

1885 — pour 20,617 fr. 40 dont les 3/4 sont de 15,463 fr. 05 qui, pour 8 ans, à raison de 927 fr. 78 par an, à 6 p. °/₀ donnent . . . . . . . . . 7,622 24

1886 — pour 24,260 fr. 51 dont les 3/4 sont de 18,195 fr. 39 qui, pour 7 ans, à raison de 109 fr. 15 par an, à 6 p. °/₀ donnent . . . . . . . . . 7,640 50

*à reporter.* . . . . . 29,645 fr. 65

|  |  |  |
|---|---:|---:|
| *report.* . . . . | 29,645 fr. | 65 |

1887 — pour 25,868 fr. 60 dont les 3/4 sont de 19,401 fr. 45 qui, pour 6 ans, à raison de 1,164 fr. 08 par an, à 6 p. 0/0 donnent . . . . . . . **6,984 48**

1888 — pour 8,562 fr. 66 dont les 3/4 sont de 6,422 qui, pour 5 ans, à raison de 385 fr. 32 par an, à 6 pour 0/0 donnent . . . . . . . . . **1,926 60**

1889 — pour 25,331 fr. 73 dont les 3/4 sont de 18,998 fr. 80 qui, pour 4 ans, à raison de 1,139 fr. 92 par an, à 6 pour 0/0 donnent . . . . . . . **4,559 68**

1890 — pour 28,060 fr. 97 dont les 3/4 sont de 21,045 fr. 73 qui, pour 3 ans, à raison de 1,262 fr. 70 par an, à 6 pour 0/0 donnent . . . . . . **3,788 10**

1891 — pour 27,456 fr. 38 dont les 3/4 sont de 20,592 fr. 36 qui, pour 2 ans, à raison de 1,235 fr. 54 par an, à 6 pour 0/0 donnent . . . . . . . **2,471 08**

1892 — pour 26,930 fr. 41 dont les 3/4 sont de 20,208 fr. 31 qui, pour un an, à raison de 1,212 fr. 49 par an, à 6 pour 0/0 donnent . . . . . . . **1,212 49**

Total. . . . . . . . . . **50,388 fr. 08**

66. — Ainsi la somme capitale que, d'après le contrat de séquestre, les souscripteurs complémentaires auraient payée sans la réserve contenue en leurs engagements de n'avoir à payer les redevances leur afférant que lorsque le canal serait achevé, étant de 185,518 fr. 55 et les intérêts des sommes successives qui composent ce capital s'élevant à 50,388 fr. 08. Il en résulte que c'est d'une somme totale de 235,966 fr. 63 que le concessionnaire a été frustré par suite des diverses causes énumérées dans le présent paragraphe.

Dans cette somme, les souscripteurs complémentaires sont débiteurs, en principe, de la partie qui correspond au temps écoulé depuis le 1er janvier 1889, mais il faut pour cela qu'il soit prouvé que les travaux du canal sont terminés et en bon état de réception.

67. — Dans ces conditions, le concessionnaire qui n'a pas été appelé en cause dans le procès que l'administration a intenté aux souscripteurs complémentaires pour le paiement des redevances leur afférant à partir du 1er janvier 1889, procès qu'elle laisse d'ailleurs trainer depuis 1891, conclut à ce qu'il plaise au Conseil de Préfecture condamner l'administration à lui payer la somme de 235,966,60 en capital et intérêts, sauf à elle à exercer tel recours que de droit contre les souscripteurs complémentaires.

Enfin, comme l'ingénieur en chef en sa qualité de directeur du séquestre, malgré les demandes réitérées du concessionnaire, n'a jamais fourni aucun compte de ses recettes et dépenses en ce qui concerne les perceptions des redevances qu'il a faites, sur lesquelles redevances un minimum de 30 fr. par hectare souscrit est garanti au concessionnaire, celui-ci demande que, pour régulariser ses conclusions dont il ne peut se rendre un compte mathématique exact, l'administration du séquestre soit condamnée à rendre ce compte ; toute réserve étant faite pour toute condamnation supplémentaire contre l'administration, à demander par suite de la production de ce compte.

## PARAGRAPHE VIII

### Demande de condamnation de l'État à une indemnité de 41,000 fr. pour refus de constituer une commission syndicale.

70. — Attendu que par l'article 11 de leurs engagements, les souscripteurs à l'arrosage formant une association syndicale qui a été ensuite constituée par un arrêté préfectoral du 17 décembre 1874, se sont obligés à prendre possession du canal, aussitôt les travaux terminés, pour l'entretenir et l'exploiter.

Qu'une semblable association n'offre pas de personne civile à laquelle on puisse s'adresser lorsque l'on a besoin d'intervenir auprès d'elle.

71. — Attendu que dans une lettre au concessionnaire, en date du 11 janvier 1889, le ministre s'est exprimé ainsi : « Monsieur, en réponse à votre mémoire du 20 septembre 1888, que « j'ai cru devoir soumettre à la commission de l'hydraulique agricole, et à vos lettres des 1er et « 26 décembre suivant, j'ai l'honneur de vous informer que j'ai invité le préfet des Hautes-Alpes « à prendre d'urgence les mesures nécessaires en vue de la nomination de la commission syndicale « du canal de Gap (pièce n° 19).

72. — Attendu que les souscripteurs n'ayant voulu donner aux commissaires nommés par eux, qu'un mandat limité, *un véritable mandat impératif*, la commission, après la nomination par M. le préfet de la moitié des commissaires dont le choix appartenait au gouvernement, s'est trouvée tronquée.

73. — Attendu que M. le Préfet, n'ayant pas jugé qu'il fût opportun de se prévaloir de la loi du 21 juin 1865, pour nommer d'office la seconde moitié de la commission sur le refus des souscripteurs — car le mandat impératif donné par eux équivalait à un véritable refus — de nommer leur quote-part de commissaires, a laissé courir les choses telles qu'elles étaient.

Que, plus tard, sur un rapport de l'ingénieur en chef du 12 décembre 1890 (pièce n° 20), qui, avec raison, considérait la commission comme dissoute, M. le Préfet a jugé, par une lettre du 2 du même mois (pièce n° 30), devoir laisser les choses dans le *statu quo*.

74. — Attendu que cet état de choses portant un grave préjudice au concessionnaire, celui-ci s'était adressé plusieurs fois au gouvernement, *qui y était d'ailleurs légalement tenu*, pour qu'une commission syndicale régulière fut enfin constituée. Il a plus particulièrement signalé ce fait à la page 8, 2e alinéa de son mémoire introductif d'instance du 27 octobre 1892 et au n° 7 de ses protestations et réserves signifiées au Préfet et à l'Ingénieur en chef le 28 mars 1894 (pièce n° 50), mais rien n'a été fait.

Et cependant le gouvernement a bien pu juger des inconvénients et même des dangers de la situation. En effet, le concessionnaire ayant présenté le 29 octobre 1892, une requête introductive d'instance au Conseil de Préfecture, dans laquelle il avait à faire intervenir les souscripteurs à l'arrosage, avait dû, conformément à la loi du 22 juillet 1889, faire notifier cette requête, par la voie administrative aux 1,242 propriétaires souscripteurs portés au rôle.

**75.** — Attendu que si cette notification a été faite sans frais pour lui, il n'en a pas été de même de la requête dont le coût d'impression a été de mille francs pour 1,300 exemplaires (pièce n° 10).

Que de plus, ayant déféré à la censure du Conseil d'Etat, le décret du 7 septembre 1893, qui le met en demeure de prendre possession du canal à partir du premier mars 1894, il y a une grande importance pour lui à appeler en garantie les souscripteurs qui se sont obligés par l'art. 11 de leurs engagements, aussitôt le canal terminé, à en prendre possession pour l'entretenir et l'exploiter.

**76.** — Attendu que la notification aux 1,242 souscripteurs ne pouvant, devant le Conseil d'Etat, être faite par la voie administrative comme devant le Conseil de Préfecture, il y aurait à débourser ici une somme de 15 à 18,000 fr. Or, sa situation pécuniaire ne permet pas au concessionnaire de faire cette dépense, en présence des sommes énormes que, ainsi qu'on le voit par les conclusions complémentaires ici développées devant le Conseil de Préfecture, l'administration retient depuis si longtemps à son préjudice, *de la façon la plus illégale.*

**76 *bis*.** — Un des graves inconvénients de c et état de choses, s'est encore accusé tout récemment. Le concessionnaire a reçu le canal des mains du directeur du séquestre, suivant procès-verbal du 30 avril dernier, sur convocation qui lui avait été faite, par arrêté préfectoral du 13 mars 1894, d'être présent à la séance du 30 avril où l'opération de la remise du canal devait avoir lieu.

Or, le concessionnaire protestant toujours contre cette remise du canal entre ses mains, a fait signifier à M. Euzière, en sa qualité de directeur de la commission syndicale *informe* qui existe, d'avoir à se rendre lui-même à cette convocation pour prendre possession du canal pour l'entretenir et l'exploiter en vertu des articles 11 et 15 des engagements des arrosants (pièce n° 21). Or, en l'absence de M. Euzière, M. l'abbé Eyraud, directeur adjoint s'est présenté le 2 avril en remplacement de M. Euzière et a déclaré à l'ingénieur en chef « que le syndicat était sans pouvoirs pour « prendre possession du canal, et qu'il n'existait plus que comme commission d'étude. » Le jour fixé pour la remise du canal ayant été ajourné au 30 avril, suivant lettre de M. le préfet du 31 mars 1894, une nouvelle signification a été faite à M. Euzière, à la requête de M. Garnier. Mais cette fois personne ne s'est présenté en son nom. Tout cela est constaté dans le procès-verbal de remise du canal (pièce n° 46).

Que faire dans cette situation pour constater d'une manière régulière la remise du canal aux mains de M. Garnier ? Une seule chose : une signification individuelle aux 1242 membres de l'association syndicale, coût 15 à 18,000 fr. dont l'Etat devra tenir compte au concessionnaire, car ici le Conseil de Préfecture n'a plus à intervenir comme au n° 74 ci-dessus pour faire faire la signification par la voie administrative.

**77.** — Par ces motifs, le concessionnaire conclut à ce qu'il plaise au Conseil de Préfecture condamner l'Etat, à faire nommer une commission syndicale dans les conditions déterminées par la loi du 21 juin 1865. De plus le condamner à lui payer la somme de 40,000 fr. pour lui permettre :

1° D'appeler les souscripteurs en garantie devant le Conseil d'État pour l'exécution de l'article 11 de leurs engagements ;

2° De leur faire signifier la prise de possession du canal.

Dans tous les cas, condamner l'Etat à lui payer la somme de 4,000 fr. pour les frais de la requête qu'il a été obligé de faire imprimer à 1,300 exemplaires, le condamner aux frais et dépens et à la garantie contre tous les dommages que pourrait lui occasionner la situation irrégulière actuelle.

## PARAGRAPHE IX

### Demande de condamnation des souscripteurs à l'arrosage à prendre possession du canal pour l'entretenir et l'exploiter.

78. — Attendu que, d'après la discussion qui a fait l'objet des n°s 5 à 11 et, notamment, du n° 9 *suprà*, le contrat de séquestre lie au même titre, le gouvernement, le concessionnaire et les arrosants et ce contrat est formé, ainsi qu'on le voit au n° 9 *suprà*, des engagements successivement contractés par les parties les unes envers les autres.

Attendu que par l'art. 11 de leurs engagements, les arrosants, constitués en association syndicale, se sont obligés à l'entretien et à l'exploitation du canal à partir du jour où les travaux qui restent à faire seraient terminés.

79. — Attendu que, mis en demeure par l'administration d'en prendre possession pour l'entretenir et l'exploiter, ils s'y sont refusés par une délibération du 27 juillet 1889 (pièce n° 12).

Que, par suite, le ministre, par une lettre du 28 août suivant (pièce n° 13) a mis le concessionnaire en demeure de prendre cette possession, à défaut des arrosants qui n'appuient d'ailleurs leur refus que sur des considérations n'ayant aucun caractère juridique.

Qu'ils invoquent les difficultés qui pourraient surgir d'un état de choses peut-être mal étudié et *qui pourrait amener leur ruine*, ce qui n'est pas sérieux. Ce n'est pas, en effet, parce que les taxes d'un arrosage qui a considérablement amélioré les territoires arrosés, pourront coûter un peu plus cher que cela avait été prévu, que la ruine des souscripteurs pourrait s'ensuivre.

Au surplus, l'argument des arrosants qui peut être très sérieux auprès du gouvernement pour obtenir de lui, *à titre de secours,* un allégement de charges, ne peut avoir aucune influence au regard du concessionnaire qui, bien plus encore que les arrosants, souffre de l'état de choses, puisque il a été complètement ruiné par sa concession.

80. — Attendu que, si le concessionnaire s'est ruiné dans la construction de son canal, c'est uniquement parce qu'il a voulu tenir ses engagements, *même ultra vires ;* mais on ne peut en dire autant des arrosants qui se dérobent juste au moment où l'accomplissement des obligations contractées par eux, pourrait faire naître dans leur esprit quelques craintes que rien de formel ne vient justifier.

En fin de compte, ceux-ci n'ont jusqu'à ce jour à prétexter même du plus léger sacrifice pécuniaire, puisque les redevances d'arrosage qu'ils ont payées n'ont été que le prix de l'eau qui leur a été livrée et, par conséquent, des services rendus par l'irrigation. Que dès lors, il est certainement excessif de leur part de venir renier leurs engagements pour échapper à la charge de prendre possession du canal pour l'entretenir et l'exploiter, conformément à ces engagements ; alors surtout que les dépenses de cet entretien et de cette exploitation sont couvertes par le prélèvement d'un quart sur les redevances.

81. — Attendu que le concessionnaire à qui l'Etat fait supporter aujourd'hui l'embarras de l'entretien et de l'exploitation de ce canal en l'ayant obligé, par la menace de déchéance et les plus odieux abus d'autorité, à prendre possession du canal le 30 avril dernier, a déjà été écrasé

par les dépenses de sa construction. Ces dépenses, en effet, mal calculées par les ingénieurs de l'État, ont dépassé dans des proportions énormes toutes les prévisions.

Et rien ne prouve mieux les dépenses extraordinaires qu'a dû supporter le concessionnaire, que les dépenses extraordinaires du séquestre qui, ayant travaillé après l'expérience acquise aux dépens du concessionnaire de la nature des terrains traversés par le canal, devait être, bien plus que le concessionnaire, en mesure de se garantir de toute imprévision. Or, ses dépenses ont été plus de dix fois supérieures au chiffre que lui même avait assigné par avance aux travaux qu'il a exécutés.

81 *bis*. — Il est donc plus qu'injuste qu'on vienne obliger le concessionnaire à 80 ans, à assumer un fardeau qui ne le regarde en rien et qui dépasse ses forces actuelles. Aussi l'Etat est-il responsable d'un état de choses qu'il n'avait pas le droit de provoquer puisque, étant partie au contrat de séquestre (v. n° 9 ci-dessus), *il était tenu à l'exécution de ce contrat* qu'il avait déjà exécuté d'ailleurs (v. n°s 10 et 11 ci-dessus), état de choses qu'il n'avait d'ailleurs provoqué que par une flagrante violation du contrat de séquestre et dont il est tenu de relever le concessionnaire.

82. — Quoi qu'il en soit, si sous le coup de l'abus de la force, on a obligé le concessionnaire à prendre possession du canal, on ne peut décharger les arrosants de l'obligation de payer les frais de l'entretien et de l'exploitation qui seront beaucoup plus onéreux entre ses mains qu'ils ne le seraient dans les leurs.

Attendu que d'après les conventions intervenues entre l'État et le concessionnaire, sur la base des conditions insérées dans la lettre ministérielle du 3 mai 1873 (pièce n° 1) et acceptées par le concessionnaire le 6 juin 1873 (pièce n° 2) et plus tard par les arrosants par l'art. 15 de leurs engagements sur la demande formelle de l'administration, une somme de 10 fr. par hectare souscrit, *sans pouvoir excéder cette somme* et différentes ressources énumérées en cet article sont mises à la disposition du syndicat pour l'entretien et l'exploitation du canal et que si ces ressources ne sont pas suffisantes, l'excédant de la dépense sera couvert chaque année par un rôle supplémentaire sur les arrosants (pièce n° 3).

Il résulte manifestement de cette disposition que l'affectation qui est faite *au syndicat* de ces ressources, n'a lieu que parce que c'est lui qui, dans l'esprit de la convention, devait être chargé de leur application à l'entretien et à l'exploitation du canal. Que si ce n'est pas lui qui doit présider à cet entretien et à cette exploitation, il est manifeste que ce sera la personne qui aura à faire face à ces charges qui devra avoir à sa disposition les ressources qui sont affectées aux charges.

82 *bis*. — Attendu que le contrat qui lie entre eux l'État, les arrosants et le concessionnaire (v. n°s 5 à 9 *suprà*), est formel : *l'entretien et l'exploitation du canal incombent aux arrosants* (art. 11 et 15 de leurs engagements (pièce n° 3).

Quant à l'État qui est partie au contrat au même titre que les arrosants et le concessionnaire (v. le n° 9 ci-dessus), il n'avait pas le droit de s'ériger, comme il l'a fait, en arbitre de la situation : il ne lui appartenait pas de se faire justice lui-même ; s'il trouvait que le contrat auquel il est partie n'avait pas été exécuté, il n'avait qu'à s'adresser aux tribunaux comme fait le concessionnaire en ce moment. Mais le droit Léonin qu'il s'est arrogé d'imposer des conditions au concessionnaire, en dehors des stipulations d'un contrat dans lequel ils sont tous les deux parties, n'est pas juridique.

83. — Attendu, d'ailleurs, que l'exécution du contrat sans contestation depuis 20 ans de la part de toutes les parties, met ce contrat, ainsi que cela a été établi au n° 11 ci-dessus, à l'abri de toute contradiction. Les arrosants ne sont donc fondés en rien en cherchant à se dégager de

conditions non seulement librement consenties par eux, mais encore fidèlement exécutées jusqu'en 1889.

84. — Attendu que dans de semblables conditions, il n'y aurait plus rien de stable et que, quelles que fussent les forces juridiques sur lesquelles on pût asseoir des droits : celles, par exemple de contrats les plus fermes, les plus précis, ne pouvant prêter à la plus légère équivoque comme le contrat de séquestre, ces droits s'en iraient en fumée s'il suffisait *pour résoudre* les contrats, d'un simple refus de les exécuter, alors que ce refus ne saurait trouver l'ombre d'un point d'appui sur la légalité.

85. — Attendu que l'Etat, en cherchant à reporter sur le concessionnaire la charge de l'entretien et de l'exploitation du canal et cela, sous le prétexte, ABSOLUMENT FAUX, de condition suspensive (pièce n° 13), commet un acte purement arbitraire. Cet acte qui constitue un véritable abus d'autorité ne saurait avoir aucune influence sur les engagements des arrosants dont le concessionnaire a le droit de poursuivre l'exécution.

Ce serait une singulière condition suspensive, en effet, que celle qui ferait dépendre l'exécution d'un contrat absolument ferme d'ailleurs et parfait dans toutes ses parties, de la volonté arbitraire de l'une des parties contractantes qui, *sous n'importe quel prétexte*, viendrait opposer un refus à l'exécution de ce contrat librement consenti par elle.

Il n'est pas un contrat qui puisse échapper à un refus d'exécution et la clientèle la plus nombreuse des tribunaux français se compose incontestablement de gens qui refusent de tenir leurs engagements. Est-ce un raison pour que ces engagements *se trouvent résolus* ? Nullement : les tribunaux sont là pour condamner à l'exécution, lorsque le refus *ne repose pas sur des motifs légaux.* Or, rien n'est moins légal que les motifs invoqués par les arrosants pour refuser de prendre possession du canal pour l'entretenir et l'exploiter conformément à leurs engagements.

86. — Attendu d'ailleurs que, quels que soient les arguments sur lesquels les arrosants puissent appuyer leur refus de prendre possession du canal, ces arguments ne peuvent être qu'étrangers au concessionnaire parce que, d'après le contrat de séquestre, celui-ci a été laissé en dehors de toute responsabilité.

Or, l'obligation d'entretenir et d'exploiter le canal, *une fois les travaux terminés,* étant formelle, cette obligation doit être remplie vis-à-vis du concessionnaire qui est partie au contrat (v. n° 9 *suprà*) qui a créé l'obligation.

C'est ainsi que s'il est vrai que l'obligation des arrosants en ce qui concerne l'entretien, ne doit, aux termes de l'article 11 de leurs engagements, prendre date qu'à partir du jour où les travaux seront terminés, comme l'administration a déclaré que les travaux étaient terminés à partir du 1er janvier 1889, si bien qu'à cette époque elle a mis les arrosants en demeure de prendre possession du canal, ceux-ci auraient dû en prendre possession ou contester d'une façon légale la déclaration de l'administration.

Or, voilà cinq ans et demi que cet état de choses dure et il n'apparaît pas que les arrosants aient rien fait pour contredire les allégations de l'administration ; dès lors, ils ont certainement si bien passé condamnation sur ce point, qu'ils n'en parlent même pas dans leur délibération du 27 juillet 1889 (voir n° 79 et suiv.). Au surplus qu'ils en parlent ou n'en parlent pas, cela revient au même : aucun acte de leur part, autre que des affirmations vagues et sans preuves, n'est venu sérieusement se produire à l'encontre des affirmations de l'administration.

D'ailleurs, dans cette question de travaux, il est un point très important dont il leur est impossible de se dégager, c'est que les canaux de colature, travail très considérable et très coûteux qui sont à leur charge, aux termes de l'art. 2 du décret de concession, ne sont pas faits. Il est vrai qu'ils peuvent se prévaloir du contrat de séquestre, qui met tous les travaux d'achèvement du canal à la charge de l'État, pour soutenir que c'est à l'État qu'incombe la charge des travaux de colature. Mais le concessionnaire n'a à intervenir en rien dans ce conflit.

Voilà deux ans qu'il proteste contre les affirmations de l'administration et qu'il a prouvé leur fausseté par une expertise qu'il a fait faire de tous les travaux exécutés par elle. Il n'en a pas moins été obligé, *par abus de la force*, de prendre possession du canal pour l'entretenir et l'exploiter à la place des arrosants.

86 *bis*. — Si donc les arrosants estiment que le canal n'est ni terminé, ni en bon état de réception, il leur appartient de se retourner contre l'État et de demander l'expertise des travaux exécutés par lui pour constater leur véritable situation.

Dans tous les cas, il ne peut pas plus leur appartenir de refuser de prendre possession sous le prétexte que cette prise de possession les ruinerait, que d'alléguer la non terminaison et le mauvais état des travaux, puisque depuis 5 ans et demie ils n'ont rien fait pour appuyer de preuves leurs assertions à cet égard.

Le premier de ces deux arguments n'a aucune valeur, en présence de l'art. 11 de leur acte d'engagement. Quant au second, il ne peut devenir sérieux que si une expertise judiciairement ordonnée, vient constater le bien fondé de leur allégation.

Or, comme le refus des arrosants crée au concessionnaire, que le contrat de séquestre exonère de tout entretien, une position des plus difficiles par suite de son grand âge, de son état maladif et des imprévus de toute nature qui peuvent se produire au cours de cet entretien, il a droit à des dommages-intérêts considérables et va les demander.

Le chiffre de ces dommages doit être considéré comme d'autant moins exagéré, qu'il y a lieu de remarquer que les arrosants pourront s'en exonérer en exécutant le contrat qui les lie vis à vis du concessionnaire (v. le 9 *supra*), c'est-à-dire en prenant possession du canal pour l'entretenir et l'exploiter.

87. — Par ces considérations, le concessionnaire conclut à ce qu'il plaise au Conseil de Préfecture, condamner les arrosants réunis en association syndicale, à prendre possession du canal de Gap, pour l'entretenir et l'exploiter conformément à leurs engagements, ou à payer quinze cent mille francs au concessionnaire (1.500,000 fr.) à titre de dommages-intérêts.

Et comme les arrosants ne sont pas représentés par une commission syndicale légalement assignée et qu'à défaut de cette commission qui n'existe pas, chaque associé a été légalement assigné conformément à la loi du 22 juillet 1889, le concessionnaire conclut encore à ce qu'il plaise au Conseil de Préfecture, pour le cas où les arrosants se refuseraient à cette prise de possession, condamner solidairement chacun d'eux à un 1,242ème de la somme de 1.500,000 fr.

87 *bis*. — Enfin si, contre toute prévision, le concessionnaire était maintenu en possession du canal pour l'entretenir et l'exploiter, il conclut encore, si les frais de l'entretien et de l'exploitation venaient à dépasser les ressources normales qui sont mises à sa disposition par l'art. 16 des conventions intervenues entre l'Etat et lui par les actes des 3 mai-6 juin 1893 et par l'art. 15 de l'engagement des arrosants, à ce que ceux-ci soient condamnés, par application des mêmes articles, à suppléer à l'insuffisance de ces ressources par un rôle supplémentaire. Il y a lieu de remarquer que, d'après la thèse que soutient le concessionnaire, les trois années pendant lesquelles l'insuffisance des ressources devait être couverte par l'Etat, sont aujourd'hui expirées.

## PARAGRAPHE X

**Demande d'annulation de la prise de possession du canal de Gap, pour avoir été faite sous le coup de la violence ; en violation du contrat de séquestre et sans aucune des garanties qu'une opération de cette nature doit présenter et de condamnation de l'Etat en 200,000 fr. de dommages-intérêts.**

**Pour le cas où l'annulation ne serait pas prononcée, demande de la nomination d'experts pour procéder à la visite des travaux exécutés par l'Etat, pour constater contradictoirement avec le concessionnaire, s'ils sont, ou non, achevés ; s'ils sont, ou non, en bon état.**

88. — On a vu aux §§ 15, 16, 17, 18 et 19 du mémoire ampliatif en date du 27 octobre 1892, déposé au greffe du Conseil de Préfecture le 29 du même mois, quel était l'état déplorable des travaux du canal exécutés par le séquestre de 1873 à 1892 ; et par quel acte de violence inouï, le ministère en affirmant d'un seul mot et *sans l'ombre de preuve à l'appui*, que le canal était PLUS QU'ACHEVÉ, s'apprêtait à confisquer au détriment des arrosants d'abord, du concessionnaire ensuite, la responsabilité de cet état de choses qui lui incombait de la façon la plus irrécusable.

La pensée ministérielle que les instructions données au préfet le 11 mai 1892 (pièce n° 22), laissaient soupçonner dès ce moment là, s'est réalisée depuis et, sous la menace de cette déchéance que depuis plusieurs années on agitait, comme un spectre, devant les yeux du concessionnaire, s'est accompli le *plus abominable forfait juridique* que l'on puisse imaginer.

On va voir qu'il n'y a rien d'exagéré dans les expressions dont on vient de se servir.

89. — Et d'abord, il convient de faire observer que tout ce qui a été dit dans le paragraphe 9 ci-dessus, s'applique de la façon la plus directe à ce qui est à dire pour le développement des conclusions qui vont être posées.

90. — Attendu qu'à aucun point de vue, les arrosants ne pouvaient se dégager ou ne pouvaient être dégagés de l'obligation qui leur incombait, d'après les articles 11 et 15 de leurs engagements (pièce n° 3), d'entretenir et d'exploiter le canal, sauf à eux d'exercer un recours contre l'État, s'ils trouvaient que celui-ci n'avait pas fidèlement rempli les conditions du contrat de séquestre, en ce qui concerne l'exécution de travaux que lui-même avait pris à sa charge.

91. — Attendu qu'à plus forte raison, il n'était pas de la compétence de l'État en ce qui concerne l'entretien et l'exploitation du canal, de mettre en cause le concessionnaire que le contrat de séquestre exempte formellement de toute obligation à cet égard. S'il trouvait que les arrosants avaient manqué à leurs engagements en ayant refusé de prendre possession du canal, il lui appartenait de saisir la justice pour les forcer à remplir leur devoir ; mais jamais il ne pouvait lui être permis de se faire justice lui-même en mettant le concessionnaire à la place des arrosants.

Il était plus rationnel, *et même tout à fait juste*, dans les conditions où la question se présentait, qu'il prit lui-même à sa charge l'exploitation et l'entretien du canal, pour en exonérer les arrosants qu'il avait fourvoyés dans une entreprise délicate, comme il avait précédemment fourvoyé le concessionnaire dans sa concession.

92. — Attendu, quoi qu'il en soit, que le mécanisme du contrat de séquestre formé entre l'État, le concessionnaire et les arrosants reposait, comme pivot, sur l'obligation contractée par l'État de terminer les travaux. Sans cela, en effet, l'eau n'aurait pu être fournie au concessionnaire qui, dès lors, n'aurait pu la livrer aux propriétaires souscripteurs qui, eux, s'étaient obligés à l'utiliser pour l'arrosage de leurs terres et à la payer.

Que c'était la corrélation entre elles de ces trois natures d'engagement qui, pouvant seule donner satisfaction au besoin qui avait provoqué le contrat qui s'était formé entre les trois parties engagées, donnait à chacune d'elles des droits, comme elle leur imposait des devoirs. Par cela même, chacune de ces parties avait le devoir d'exécuter le contrat tel qu'il avait été formé et le droit d'en assurer l'exécution.

Dans tous les cas, cette exécution ne peut être ordonnée que par les tribunaux seuls aptes, à moins de conventions contraires, à vider les difficultés, quelles qu'elles puissent être, qui s'élèvent entre les parties. Et cela parce que, comme en toute matière de contrat, chacune des parties a ses droits propres déterminés par le contrat, mais ne peut s'en créer en dehors de ce contrat.

93. — Attendu que l'État avait commencé par prendre une atitude des plus correctes en demandant aux arrosants, du moment qu'il affirmait que les travaux à sa charge étaient terminés, d'exécuter les art. 11 et 15 de leurs engagements (pièce n° 3) en prenant possession du canal pour l'entretenir et l'exploiter, leur laissant, bien entendu, le droit de faire vérifier légalement, s'ils le désiraient, le bien fondé de ses affirmations.

Mais les arrosants ayant repoussé cette prise de possession sans invoquer des motifs sérieux, l'État, au lieu de se maintenir dans cette position en se joignant au concessionnaire pour amener, à l'aide des tribunaux, la coercition des arrosants à l'exécution de leurs engagements, avait failli à tous ses devoirs, en se retournant contre le concessionnaire, sous un prétexte absolument futile.

94. — Attendu qu'en agissant ainsi, les représentants de l'autorité perdaient de vue que l'État n'avait plus ici un rôle souverain à remplir, mais seulement un rôle subordonné aux liens de droit dans lesquels il s'était lui-même engagé en provoquant le contrat (v. n° 6-2) qui existait entre lui, les arrosants et le concessionnaire ; que c'est là ce qui laissait sans portée le prétexte qu'il avait pris — l'inexécution d'une condition suspensive (v. lettre ministérielle du 28 août 1889, pièce n° 13) — pour mettre le concessionnaire en cause quant à l'entretien et l'exploitation du canal.

Que jamais, à moins de stipulation contraire, ce qui n'existe pas dans l'espèce, un contrat n'est subordonné *à la condition suspensive* de son exécution. Il existe ou il n'existe pas. Mais du moment qu'il existe, il doit être exécuté sous peine de voir son exécution ordonnée par les tribunaux. L'État n'a pas à intervenir là en sa qualité d'État : les contrats existent et fonctionnent indépendamment de son action et s'il est lui-même partie à ces contrats, sa souveraineté s'efface devant les obligations que lui impose sa qualité de partie contractante (v. n° 83 à 86 *suprà*).

94 *bis*. — Avec la théorie de l'administration on pourrait arriver au plus singulier des résultats. Ainsi, voilà le contrat de séquestre qui a été exécuté sans conteste depuis une époque qui varie entre 14 et 20 ans ; il doit se trouver désormais, aux termes de l'art. 1338 c. civ., à l'abri de toute discussions même en ce qui concerne les irrégularités qui pourraient le vicier ; c'est incontestable (v. n° 11 ci-dessus).

Eh bien ! il suffit que des difficultés s'élèvent ; qu'une des parties refuse de l'exécuter, pour que l'administration déclare qu'il y a inexécution de condition suspensive et que, par suite, *le contrat est résolu de plein droit* ; qu'il n'existe pas ; qu'il n'a même jamais existé : et qu'elle se croie autorisé à prétendre que c'est à une autre des parties contractantes de l'exécuter : bien plus, qu'elle se croie en droit de forcer cette partie sous les menaces les plus effrayantes, à cette exécution ! Mais, ainsi qu'on l'a vu au n° 91 ci-dessus, pourquoi l'Etat ne s'est-il pas mis à la place des arrosants, plutôt que de forcer le concessionnaire à s'y mettre ? il en avait le droit et le *devoir* s'il jugeait qu'une autre des parties devait s'y mettre. Il aurait fait un acte *des plus méritoires*, au lieu de l'acte *on ne peut plus blâmable* qu'il a accompli.

Quoi qu'il soit, ce n'est pas au bout de 20 ans seulement que, dans le système de l'administration, elle pourrait s'arroger le droit d'agir comme elle l'a fait ; c'est au bout de 30, 40, de 50 *et même de 60 ans et plus,* car la condition suspensive n'a pas de terme légal si ce terme n'a pas été prévu. Et alors que devient le principe de la stabilité de la propriété qui a donné naissance aux dispositions législatives concernant la prescription ?

95. — Attendu qu'en dehors de ses devoirs généraux de partie contractante, l'Etat en avait un tout spécial à remplir ici : c'était de terminer les travaux du canal qu'il s'était chargé d'exécuter. Or, on a vu, au § 16 du mémoire ampliatif du 27 octobre 1892, dans quelles conditions défectueuses et incomplètes ces travaux s'étaient présentés à l'expert à qui le concessionnaire avait confié le soin de les vérifier.

Qu'il y avait, en dehors des défectuosités signalées, un travail d'une importance très grande et d'un coût considérable qui n'avait pas été exécuté : il s'agit du système des canaux de colature indispensable au bon fonctionnement de tout canal d'irrigation. Il est vrai que l'administration prétend que ce travail est à la charge des arrosants, c'est possible d'après l'art. 2 du décret de concession ; mais comme l'Etat a pris l'engagement, *sans réserve aucune*, envers le concessionnaire et les arrosants, de terminer les travaux du canal, c'est à lui d'exiger que ces canaux soient exécutés par les arrosants, s'il croit que c'est une charge qui leur incombe, ou de les exécuter lui-même.

96. — Attendu que le 14 avril 1892, le concessionnaire déposa dans les bureaux du ministère de l'agriculture, 8 très volumineux rapports contenant la description minutieuse de très nombreux travaux à faire ou à refaire par suite de mal façons, destructions totales ou partielles, réparations etc..., *mauvais état* en un mot.

Attendu que, loin de tenir aucun compte des critiques ainsi mises sous ses yeux, le ministère, dans ses instructions en date du 11 mai 1892, officiellement communiquées au concessionnaire, dit *d'un seul mot*, au préfet des Hautes-Alpes, *et sans l'ombre de preuve à l'appui*, que le canal ÉTAIT PLUS QU'ACHEVÉ, et que si le concessionnaire n'en prenait pas possession, il serait pris contre lui telle mesure que de droit (pièce n° 22) ; ce qui voulait dire que la déchéance dont on ne cessait de le menacer serait prononcée.

97. — Attendu que le concessionnaire ayant déféré le litige au Conseil de Préfecture, en déposant au Greffe, le 29 octobre 1892, et la requête introductive d'instance et le mémoire ampliatif et les pièces justificatives, l'administration n'a fait encore aucune réponse au bout de plus de 20 mois.

Attendu que malgré l'instance engagée, le ministère poussant le concessionnaire, l'a obligé, *par abus de la force et sous la menace de déchéance*, à prendre possession du canal, le 30 avril dernier, sans jamais avoir voulu déférer à sa demande, non seulement plus que légitime mais *inséparable* de la remise du canal (v. lettre ministérielle du 28 avril 1894, n° 45), de faire visiter les travaux, contradictoirement avec lui, pour constater leur état de conservation ou de détérioration.

Et cela alors qu'il est constant, l'administration ne le nie pas (v. n. 95), que le système des canaux de colature n'existe même pas. Or, cette question de visite des lieux, a pris un caractère aigu à propos de la prise de possession du canal par le concessionnaire *pour aboutir à un acte vraiment inouï.*

98. — Attendu que la prise de possession du canal ayant été renvoyée du 2 au 30 avril par une lettre de M. le Préfet du 31 mars dernier (pièce n° 48), dès le 4 avril le concessionnaire écrivait à M. l'Ingénieur en chef, comme continuation des réclamations qu'il ne cesse de faire depuis le 14 avril 1892, pour qu'il fût procédé, avant la prise de possession, contradictoirement avec lui, à UNE VISITE DES TRAVAUX *pour en constater le véritable état de terminaison, de conservation ou de détérioration* (pièce n° 39).

Le 17 avril, il adressait la même demande à M. le Préfet (pièce n° 40), mais, le 20 avril l'ingénieur en chef lui ayant répondu (pièce n° 41) que la visite des lieux (QU'IL SOLLICITAIT DEPUIS DEUX ANS), n'était plus possible A CAUSE DU MANQUE DE TEMPS, il s'était adressé à M. le Ministre le 22 avril (pièce n° 42) pour lui signaler cet état de choses et s'en plaindre amèrement. Aucune réponse ne lui étant parvenue le 28 avril, c'est-à-dire 48 heures avant le moment fixé pour la remise du canal, il avait adressé à M. le Ministre un télégramme, en lui demandant une réponse télégraphique affirmative ou négative, MAIS FORMELLE, au sujet de la visite des travaux qu'il sollicitait depuis très long-temps (pièce n° 43).

Attendu que, parallèlement avec l'envoi de ce télégramme, il avait fait présenter une requête à M. le Président du Conseil de Préfecture à l'effet d'obtenir par référé la nomination d'un expert pour constater sur les lieux, contradictoirement entre l'État et lui, la véritable situation des travaux en ce qui concernait leur achèvement et leur plus ou moins bon état. M. le Vice-Président, ne voyant pas dans la circonstance le caractère d'urgence prévu par la loi, avait rejeté la requête (pièce n° 49).

99. — C'est alors que, par une véritable dérision, JOUANT SUR LES MOTS, le Ministre lui répondit, le 28 avril (pièce n° 45), dans les termes suivants :

« Monsieur, j'ai l'honneur de vous informer en suite à vos communications du 22 avril
« courant et de ce jour, que la convocation que vous avez reçue et qui a déjà fait de votre part
« l'objet de deux demandes de sursis qui ont été accueillies, *a précisément pour objet de procéder à*
« *la constatation contradictoire de l'état du canal,* CONSTATATION INSÉPARABLE DE SA REMISE AU
« CONCESSIONNAIRE.

« Je n'ai donc aucune mesure nouvelle à provoquer POUR DONNER SATISFACTION A VOTRE
« RÉCLAMATION. *Il vous suffira de vous rendre ou de vous faire représenter à la convocation que*
« *vous avez reçue.* »

100. — Attendu que par sa lettre du 22 avril 1894, au ministre, le concessionnaire constatait que depuis le 14 avril 1892, « *il n'avait cessé de demander la visite de ces travaux contradictoire-*
« *ment entre l'Etat et lui : cette visite devant avoir pour but de faire constater qu'ils n'étaient ni*
« *terminés ni en bon état* ».

Qu'il rappelait qu'il avait adressé la même demande à M. l'ingénieur en chef le 4 avril dernier et à M. le Préfet le 17 du même mois ; et que l'ingénieur en chef lui avait répondu le 20 avril (après 2 années de réclamation sans succès), QU'IL NE RESTAIT PLUS ASSEZ DE TEMPS POUR FAIRE CETTE VISITE (pièce n° 41).

Qu'enfin, par une dépêche télégraphique du 28 du même mois d'avril (pièce n° 43), il demandait à M. le Ministre, d'ordonner enfin cette visite qu'il sollicitait depuis deux ans.

101. — Attendu que toutes ces lettres, tous ces rapports où il ne cessait de demander LA VISITE DES LIEUX ; cette déclaration formelle du Ministre qui reconnaît *que la constatation contradictoire de l'état du canal* EST INSÉPARABLE DE SA REMISE AU CONCESSIONNAIRE, ce télégramme de 471 mots, en date du 29 avril (pièce n° 53), par lequel le concessionnaire prescrit à son mandataire de joindre cette dépêche à ses protestations *contre la comédie* qui va certainement se jouer dans la réunion du 30 avril, pouvaient faire espérer que l'administration se laisserait enfin aller à des sentiments d'équité.

Loin de là : rien ne l'arrête et elle fait présenter à la signature du mandataire un procès-verbal de remise du canal qui, sous la rubrique : DESCRIPTION DU CANAL, présente *un état descriptif des diverses opérations qui ont constitué le canal* (pièce n° 46), mais où il n'est pas dit un mot de l'état d'achèvement ou de non achèvement des travaux, de l'absence de tous ces canaux de colature indispensables ; du mauvais état de tous ces travaux qui en rend la réception impossible, et même de l'état de ruine d'un très grand nombre très importants qui en rend la reconstruction tout à fait urgente.

102. — Attendu qu'il n'est pas possible de se moquer avec plus de désinvolture d'un vieillard de 80 ans qui a cependant rendu des services à l'Etat, en récompense desquels on n'a pas eu de trève qu'il n'ait été ruiné.

Attendu que tout cela est le résultat d'une vieille querelle qui existe entre le chef de service des irrigations et cet homme, querelle qui s'est produite par suite de l'énergie avec laquelle celui-ci n'a pas cessé de se défendre contre les iniquités dont il était victime et auxquelles n'a pas cessé de présider ce chef de service. Aussi celui-ci, *pour couronner son œuvre malfaisante*, n'a-t-il pas hésité à faire écrire par son ministre au concessionnaire (pièce n° 45), que la convocation du 30 avril, *a précisément pour objet de procéder à la constatation contradictoire de l'état du canal et que pour avoir la satisfaction qu'il demande, il lui* « suffira de se rendre ou de se faire représenter « à la convocation qu'il a reçue. »

103. — C'est ainsi que le ministère suppose probablement qu'il peut suffire d'un tour d'escamotage pour faire considérer comme accomplie en quelques heures *et entre les quatre murs d'un bureau*, cette constation de la situation de travaux exécutés dans le cours de plus de vingt années, pour laquelle le concessionnaire réclame depuis deux ans une visite détaillée sur les lieux. Cette visite doit nécessairement provoquer l'examen pas à pas, au vu des rapports de l'expert qui a constaté la situation des travaux, des résultats de l'expertise que le concessionnaire a fait faire de ces travaux.

Elle comporte donc un travail plus ou moins long dont on ne saurait déterminer la durée à l'avance. Ces considérations rendent absolument illusoire et dérisoire ce qui a été fait à la place de ce qui aurait dû être fait et entachent la prise de possession d'un vice tellement radical, qu'elle ne peut rester debout !

Au surplus, les manœuvres qu'on ne cesse d'employer pour étouffer la vérité, démontrent à elles seules le bien fondé des griefs du concessionnaire et la sincérité des critiques de l'expert qui a étudié les travaux exécutés par l'Etat pendant vingt années. *Il eut été si facile de détruire ces critiques si elles n'avaient pas été fondées ! !*

105. — Attendu que ce n'est pas SUR CETTE SEULE QUESTION CAPITALE des travaux que le ministère cherche à se dérober à tous ses devoirs. On a vu au paragraphe 8 ci-dessus, n° 70 et

*suiv.*, que malgré ses réclamations répétées, malgré l'urgence qui s'accuse sur cette question, *voilà cinq ans et demi* que le concessionnaire attend la nomination d'une commission syndicale dont l'absence lui a déjà occasionné les plus graves torts. Le ministère fait la sourde oreille à cet égard, et pourquoi, en vérité? Peut-il y avoir d'autre cause qu'un effet du mauvais vouloir qui a pour but d'entraver l'action du concessionnaire en lui créant des difficultés?

**106.** — Attendu que tout ce qui a été établi aux paragraphes 2 à 6 ci-dessus, sous les n° 17 à 50, démontre encore que depuis plus de dix ans le concessionnaire est victime des plus odieux dénis de justice. En effet, lui qui a été complètement ruiné par son canal, ou plutôt que l'on a complètement ruiné par toutes sortes de manœuvres déloyales ; lui qui est aujourd'hui dans un véritable état de misère, ainsi qu'en témoignent les trois certificats du maire, de l'adjoint et du curé de la commune qu'il habite, annexés au n° 1 ci-dessus, il ne peut obtenir la restitution de sommes considérables — plus de 400,000 fr., que l'Etat détient à son préjudice, ainsi que cela a été établi dans les paragraphes 2 à 6 ci-dessus.

Et ce qui est plus scandaleux, c'est que c'est l'Etat lui-même qui s'arrange des actes de violence et d'arbitraire qu'il commet pour les utiliser à son profit. En effet, au lieu de déposer les sommes qu'il retient, à la caisse des dépôts et consignations qui est le seul dépôt qui leur convienne, il en fait usage pour son compte personnel, soit en les appliquant à tels ou tels de ses besoins personnels, soit en les faisant servir à payer les travaux du canal qui ne regardent en rien le concessionnaire.

**107.** — Attendu que si l'Etat applique ainsi largement à son bénéfice personnel les sommes considérables qu'il a encaissées, il prive le concessionnaire de tout moyen de procéder graduellement à la liquidation d'une situation écrasante pour lui et sa famille ; que cet état de choses qui dure depuis l'année 1880, époque où le canal a commencé à produire des revenus, a causé au concessionnaire un préjudice dont l'importance ne saurait être déterminée, car en ces 14 années des circonstances se sont assez souvent présentées qui lui auraient permis, par d'heureuses opérations, de reconstruire sa fortune anéantie par l'affaire du canal.

**108.** — Attendu qu'il y a lieu de faire observer, en effet, que si tous les revenus du canal sont frappés d'opposition par les créanciers ; d'une part, la femme du concessionnaire figure parmi ces créanciers pour la somme de 445,000 fr. montant de ses reprises liquidées par le Tribunal civil de la Seine ; d'autre part, les autres créanciers, en raison du travail considérable auquel celui-ci se livre pour sauvegarder leurs intérêts en même temps que les siens, lui font des concessions importantes qui lui permettent de réaliser des sommes assez élevées. Il lui importe donc grandement que les revenus du canal soient mis en distribution au fur et à mesure de leur perception. C'est ce que ne permettent pas les procédés de l'administration qui n'a laissé sortir de ses mains, depuis 1880, que la somme de 162,534 fr. 96 distribuée à l'amiable entre les créanciers (v. n° 18 à 20 *suprà*).

**109.** — Attendu que la remise qui vient de lui être faite du canal, outre qu'elle serait de nature, par suite du mauvais état du canal, à lui créer des embarras inextricables par suite du mauvais vouloir et des dispositions franchement hostiles des arrosants, va créer des difficultés peut-être insurmontables pour la perception des redevances. Le percepteur des contributions, en effet, par suite des règlements administratifs qui lui défendent de faire des recouvrements pour le compte des particuliers, ne pouvant plus faire le recouvrement des redevances du canal, le concessionnaire a été prévenu que ce ne sera qu'à coups de poursuites qu'il pourra faire les rentrées qui, auparavant, se faisaient sans la moindre difficulté.

110. — Attendu qu'au refus, *sous forme absolument dérisoire*, que le Ministère a opposé au concessionnaire de procéder à la visite des travaux pour constater leur état d'achèvement, de conservation ou de détérioration, il faut ajouter 1° l'absence de tout compte des recettes et des dépenses que le séquestre a faites pour le compte du concessionnaire. 2° L'absence de tout inventaire et de toute remise du matériel considérable qui servait à l'exploitation et à l'entretien du canal par le séquestre.

En un mot, il y a eu signature par le représentant du concessionnaire du procès-verbal de remise du canal qui a eu lieu entre les quatre murs du bureau de l'ingénieur en chef et dans l'espace de une heure ou deux au plus, et voilà en quoi ont consisté les formalités longues et minutieuses qui doivent, *sur les lieux,* accompagner une opération de cette importance!!

Cette procédure a constitué manifestement l'obligation imposée au concessionnaire, *par le plus violent abus de la force que l'on puisse imaginer,* de tout accepter des mains de l'administration les yeux fermés et sans contrôle aucun. Il y a là un cas absolument résolutoire de tout ce qui a été fait.

111. — Attendu que ce n'est que par des actes d'un arbitraire inouï fondés sur l'abus de la force que le ministère a obligé le concessionnaire, *sous menace de telles mesures que de droit,* c'est à dire de déchéance, à prendre possession du canal pour l'entretenir et l'exploiter à la place des arrosants, ce qui rend applicables les art. 1111 et 1112 c. civ.

112. — Par ces considérations et celles développées au § 9 ci dessus, et attendu que le décret du 7 septembre *qui est frappé de nullité radicale* pour être intervenu sur un litige dont est régulièrement saisi le tribunal qui doit en connaître (v. n° 3 *suprà*), ne peut avoir pour effet de dessaisir la juridiction compétente, le concessionnaire conclut à ce qu'il plaise au Conseil de Préfecture, en présence de la prise de possession par le concessionnaire du canal de Gap, pour l'entretenir et l'exploiter qui a eu lieu le 30 avril dernier, déclarer cette prise de possession nulle et non avenue *pour avoir été faite :*

En premier lieu, sous le coup de la violence prévue par les art. 1111 et 1112 c. civ.

En second lieu, pour avoir mis, pour l'entretien et l'exploitation, le concessionnaire à la place des arrosants par violation 1° des art. 12 et 16 des conditions énumérées dans la lettre du 3 mai 1873 (pièce n° 1) et acceptées par le concessionnaire à la demande formelle du ministre, et 2° des articles 11 et 15 des engagements des arrosants ;

En troisième lieu, pour s'être livré à un véritable tour d'escamotage pour écarter toute visite des lieux destinée à constater, contradictoirement avec le concessionnaire, l'achèvement ou le non achèvement des travaux, et de plus, si ces travaux se présentent dans les conditions de conservation et de bon état, qui puissent en permettre la réception, conformément à ce qu'a reconnu le Ministre dans sa lettre du 22 septembre 1890 (pièce n° 44).

En quatrième lieu, sans qu'aucun inventaire ait été dressé du matériel considérable destiné à l'entretien et à l'exploitation du canal, et sans qu'il ait été question de remettre au concessionnaire même un outil de la plus minime importance.

En cinquième lieu, sans qu'aucun compte des recettes et des dépenses opérées par le séquestre ait été présenté, *même dans la forme la plus sommaire ;* ce qui joint à ce qui vient d'être dit à propos de l'état des travaux, fournit la preuve incontestable que le ministère a voulu obliger le concessionnaire A TOUT ACCEPTER LES YEUX FERMÉS, d'où résulterait pour l'Etat l'avantage inappréciable d'obtenir d'un seul coup un blanc seing pour tout ce qu'il a fait *pendant 20 ans d'une administration sans contrôle.*

En sixième lieu, sans qu'une commission syndicale vienne assurer la présence d'une personne civile à laquelle le concessionnaire puisse s'adresser dans les nombreux conflits qui sont appelés à s'élever entre les arrosants et lui.

En septième lieu, sans que, en présence des oppositions qui pèsent sur tous les produits ou redevances du canal, l'Etat ait rien fait pour assurer au concessionnaire les ressources nécessaires pour l'entretien et l'exploitation du canal qu'on lui a imposé par la violence.

En huitième lieu, dans le même ordre d'idées et en présence du mauvais état des travaux *dont un grand nombre menacent ruine*, sans que non seulement l'Etat ait assuré au concessionnaire les ressources propres à parer à un événement quelconque, *malheureusement trop à prévoir et qui peut surgir d'un moment à l'autre*, mais encore sans qu'il s'apprête à lui restituer les sommes considérables qu'il détient illégalement à son préjudice et qui lui créeraient un fonds pour parer à la légitimité de toute éventualité.

Aussitôt après la prise de possession du canal par le concessionnaire, à la date du 30 avril dernier, celui-ci s'est empressé par lettres des 10 et 30 mai 1894 de réclamer la restitution de ces sommes qui s'élèvent à plus de 400,000 fr., mais l'administration ayant, comme toujours depuis 5 ans et demi, fait la sourde oreille, ces deux lettres sont restées sans réponse (pièces nos 51 et 52). Et cependant il suffit de se reporter aux nos 28 à 30 ci-dessus pour reconnaître combien est indiscutable la réclamation du concessionnaire.

113. — Quoi qu'il en soit, pour le cas, fort improbable, où la prise de possession serait maintenue entre ses mains, le concessionnaire conclut à ce que des experts soient nommés *pour faire cette constatation contradictoire de l'état des travaux du canal que le ministre, dans sa lettre du 28 avril 1894* (pièce n° 45), RECONNAÎT ÊTRE INSÉPARABLE DE SA REMISE AU CONCESSIONNAIRE, c'est à dire pour reconnaître si les travaux sont réellement achevés dans toutes leur parties et dans les vraies conditions qu'ils doivent présenter, notamment en ce qui concerne les travaux de colature.

113 *bis*. — Il conclut encore à ce qu'une provision de 50,000 fr. soit mise aux mains du concessionnaire, nonobstant toute opposition pour lui permettre de faire face à l'entretien courant du canal.

114. — Il conclut enfin à ce que l'Etat soit condamné à 200,000 fr. de dommages-intérêts envers le concessionnaire, pour le trouble qu'il a jeté dans ses affaires et dans son existence par toutes les iniquités et les dénis de justice dont il s'est rendu coupable à son égard, ainsi que cela résulte des développements contenus dans les 10 paragraphes où viennent d'être passés en revue les nombreux griefs du concessionnaire contre le Ministère de l'Agriculture.

## PARAGRAPHE XI

**Demande de condamnation de l'Etat à 2,500,000 fr., prix offert pour rachat du canal, à titre de transaction, et aux intérêts à 5 %, à partir du 27 février 1877, date de l'acceptation de l'offre par le concessionnaire.**

115. — La confirmation des conclusions qui font l'objet du présent paragraphe, outre qu'elle serait l'application directe d'un contrat des plus formels, présenterait le premier avantage de commencer par couper court aux difficultés qui, plus encore que par le passé qui en a vu naître de toute nature, sont appelées à jeter sans cesse, dorénavant, le trouble au milieu des parties intéressées.

Elle aurait pour effet, en second lieu, de faire supporter par qui de droit, c'est-à-dire par l'Etat, les conséquences de tout ce qu'il a fait de malencontreux dans la question du canal de Gap. Sa faute, *faute aujourd'hui irréparable sans l'allocation des conclusions qui vont être posées*, a été d'embarquer tout le monde à Gap dans une affaire dont, faute d'études suffisantes, il n'avait calculé ni les difficultés, ni les dangers. Parties en effet de 1,500,000 fr., chiffre du devis primitif dressé par les ingénieurs de l'Etat, les dépenses ont fini par dépasser 10,000,000 fr.

Aujourd'hui, le concessionnaire dont il avait sollicité le concours désintéressé, que celui-ci a eu l'imprudence de prêter, se trouve complètement ruiné. Quant aux arrosants qui avaient accepté de confiance le mirage des espérances qu'il avait fait luire à leurs yeux, ils reconnaissent que ces espérances qui se sont réalisées jusqu'à ce jour il est vrai, sans qu'ils aient encore eu à les payer à leur valeur, se trouvent singulièrement affectées par les menaces de l'avenir.

116. — Attendu que pour réparer les conséquences du manque d'études préliminaires qui avaient provoqué les mécomptes les plus graves dans la construction du canal, l'Etat, prenant à sa charge l'achèvement complet de ce canal, avait commencé par organiser un séquestre conventionnel.

Les conditions de ce séquestre avaient été acceptées par toutes les parties intéressées en un contrat des plus formels qui eut produit les meilleurs effets, si l'Etat lui-même n'avait pas, sous des inspirations malencontreuses, cherché ensuite à le saper de toutes les façons.

117. — Attendu qu'une première violation de ce contrat, ayant donné naissance à des difficultés très graves que le concessionnaire avait commencé par déférer aux tribunaux, un rapprochement eût lieu entre l'administration et lui. M. Christophle, alors Ministre des Travaux Publics et jurisconsulte distingué, ayant reconnu que le concessionnaire était pleinement fondé dans ses réclamations, confia la solution de la question à M. Gosselin, inspecteur général des ponts et chaussées qu'il envoya *en mission spéciale à Gap*.

Celui-ci n'hésita pas à reconnaître qu'il n'y avait qu'un moyen honnête de résoudre les difficultés pendantes, c'était que l'Etat racheta, à titre de transaction, la concession du canal de Gap. Seulement, il ne fixa qu'à deux millions le prix du rachat. Sur la demande du concessionnaire qui réclamait 2.950,000 fr., le Ministre, par une lettre du 16 août 1876 (pièce n° 33), offrit une indemnité de 2.500,000 fr., à la condition que le Conseil d'Etat approuverait la transaction.

La section des travaux publics du Conseil d'État ayant donné un avis favorable à la transaction le 26 octobre 1876 (pièce n° 35) et le concessionnaire ayant accepté l'offre gouvernementale le 21 février 1877 (pièce n° 34), *le contrat était devenu parfait.*

118. — Il est vrai que ce contrat ne pouvait produire son effet que si le Parlement votait les crédits nécessaires au paiement de la transaction. C'est ce que portait le contrat par une clause spéciale *mais sans objet;* en effet, que la clause fut au contrat ou qu'elle n'y fut pas, c'était la même chose : le Ministre n'ayant pas de fonds, la réalisation du contrat était fatalement subordonnée au vote par le Parlement des crédits nécessaires ; la clause étant de droit, sa spécification dans le contrat était inutile.

C'était là une condition qui n'avait pu empêcher le lien de droit de se former entre le Ministre et le concessionnaire. Si, en effet, le Parlement votait le crédit qui lui serait demandé, la vente du canal suivrait son cours normal. Que si, au contraire, le Parlement refusait le crédit, la vente deviendrait caduque, car le non accomplissement de la condition qui pesait sur le contrat réagissant au jour où ce contrat s'était formé, le prix *qu'il ne pouvait être dans les attributions du Ministre de fournir* sans le concours du Parlement disparaissant, le contrat disparaissait du même coup.

119. — Attendu qu'il fallait de rigueur qu'un projet de loi fut présenté pour obtenir le crédit nécessaire et que, de rigueur encore, c'était au Ministre qu'il incombait de présenter ce projet de loi. Or, malgré les incessantes réclamations du concessionnaire, jamais de projet de loi n'a été présenté. Les divers ministres qui ont succédé à M. Christophle n'ont jamais voulu entrer dans cet ordre d'idées.

Sur ce refus, le concessionnaire s'adressant au code civil invoque son article 1178 aux termes duquel « la condition est réputée accomplie lorsque c'est le débiteur, obligé sous cette condition, « qui en a empêché l'accomplissement. »

120. — Rien n'est plus formel que cette disposition ; aussi la condamnation de l'Etat ne peut-elle faire l'objet d'un doute, car il est plus que manifeste que c'est le gouvernement, débiteur obligé sous la condition d'une demande de crédit, qui, ayant refusé de présenter un projet de loi, a empêché l'accomplissement de la condition qui consistait à obtenir du Parlement le vote du crédit nécessaire pour l'exécution de la transaction.

121. — Il est certain que si, par l'effet de la réalisation judiciaire du contrat intervenu entre l'Etat et le concessionnaire les 16 août 1876 — 21 février 1877, l'Etat devenait propriétaire du canal, bien des effets heureux que le gouvernement, *s'il eût été sage,* aurait dû provoquer depuis longtemps, se produiraient sans un long temps d'attente.

Les arrosants qui, quoi qu'ils fassent, ne pourront se soustraire à l'entretien et à l'exploitation du canal, *n'ayant plus devant eux des intérêts privés à satisfaire* — ceux des créanciers du concessionnaire, bien plus encore que les intérêts propres de celui-ci — arriveraient facilement à s'entendre avec l'Etat qui fait tous les jours des concessions parce qu'il peut faire à l'intérêt public des sacrifices qui sont incompatibles avec les intérêts privés.

122. — Quoi qu'il en soit, par les motifs développés ci-dessus, le concessionnaire conclut à ce

qu'il plaise au Conseil de Préfecture condamner l'Etat à lui payer la somme de 2,500,000 fr., prix de la transaction intervenue entre le ministre Christophle et le concessionnaire les 16 août 1876-21 février 1877, et les intérêts à 5 p. °/₀ de cette somme à partir du 21 février 1877 jour où l'offre Christophle ayant été acceptée par le concessionnaire *le lien de droit* s'est formé entre les parties.

123. — Il est entendu que, conformément à ce qui a été dit à la page 25 § 32 des conclusions annexées au mémoire introductif d'instance du 27 octobre 1892, le concessionnaire offre d'imputer en la forme de droit et sur les intérêts d'abord, les redevances d'arrosage qu'il a reçues et celles qu'il a encore à recevoir comme arriériées en vertu des décisions ministérielles qui sont signalées au n° 28 ci-dessus, moyennant quoi l'Etat aura seul à se débattre avec les souscripteurs et arrosants, percevoir leurs taxes annuelles pour son propre compte, traiter et transiger avec eux.

GARNIER

*Mont-Saint-Eloi (Pas-de-Calais), le 20 juin 1894.*

Arras, imp. de la Société du Pas-de-Calais, P.-M. Laroche, directeur.